Jelle van der Meulen

Und so weiter. Anthroposophie als Weg zum Gral

UND SO
ANTHROPOSOPHIE

Jelle van der Meulen

WEITER
ALS WEG ZUM GRAL

Urachhaus

Aus dem Niederländischen von Frank Berger
und Marianne Holberg

ISBN 3-8251-7179-5

Erschienen 1998 im Verlag Urachhaus

Umschlagmotive: Detailaufnahme einer Außenwand des zweiten Goetheanums, der »Bamberger Reiter« (Ostchor des Bamberger Doms), Melchisedek (Steinskulptur vom Nordportal der Kathedrale von Chartres), Mani (Fragment einer Wandmalerei aus Turfan), angebliches Bildnis des Christian Rosenkreuz (Herkunft unbekannt), Rudolf Steiner (Privataufnahme).
Umschlaggestaltung: Pellicci Kommunikation, Stuttgart
Druck: Offizin Chr. Scheufele, Stuttgart

Inhalt

Einleitung

Als Rudolf Steiner im Frühjahr 1925 starb, war vieles ungesagt geblieben. Er ließ seine Freunde, Mitarbeiter, Leser und Zuhörer verwirrt zurück. Und heute, beinahe 75 Jahre später – das zwanzigste Jahrhundert liegt fast hinter uns –, stellen wir immer noch dieselbe Frage: Wer war Rudolf Steiner? Wer war er als Mensch? Und wer als Eingeweihter?

Für mich persönlich ist Rudolf Steiner der wichtigste »Gesprächspartner« in meinem Leben. In meinem Buch *Mittendrin. Anthroposophie hier und jetzt*, das 1997 erschien[1], beschreibe ich die Fragen an ihn und die Anthroposophie, mit denen ich rang, und die Antworten, die ich bekam. Wie ich in diesem Buch bereits schrieb, betrachte ich die Antworten nicht als allgemein gültig. Ich wollte nicht ein umfassendes Bild Rudolf Steiners geben. In dieser Hinsicht bin ich ganz derselben Meinung wie Saul Bellow, der über Steiner sagte: »Wie gesagt: Ich betrachte ihn als einen Eingeweihten. Das bedeutet zugleich, dass ich nicht von ihm erwarte, dass er sich von mir völlig begreifen lässt.«[2]

Steiner war hellsichtig. Aber er war nicht nur hellsichtig, er war auch »Zeitgenosse«. Er las Zeitungen, hörte genau hin, was Menschen ihm erzählten, vertiefte sich in den Stand der damaligen Wissenschaft, erlebte den Ersten Weltkrieg mit, liebte Menschen, scherzte gern, stand vor Abgründen – und so weiter. Er vereinigte in sich zwei Welten zu einem Ganzen: Die des »Sinnlichen«, und die des »Übersinnlichen«. Die erste nannte er die Welt des Scheins, die zweite die des Wesens.

Doch damit wollte er keineswegs sagen, dass die zweite Welt besser sei als die erste und dass die erste so schnell wie möglich verlassen werden müsse, um in die Welt des Geistes zu gelangen. Ich meine, dass sein Lebenslauf zeigt, dass er sogar mehr und mehr die Welt des Scheins suchte, und zwar als *Erfahrungswelt*. Steiner suchte bewusst das Risiko des Irrtums, gerade um als moderner Eingeweihter seine Aufgabe erfüllen zu können. Er wollte die Verwirrungen seiner Zeitgenossen voll mit durchleben, weil dies die einzige Art war, um, wie er es am Ende seines Lebens ausdrückte, »das Geistige im Menschenwesen zum Geistigen im Weltenall« zu führen.[3]

Wenn die Anthroposophie als eine weltanschauliche Ideologie aufgefasst wird, entsteht genau das Umgekehrte. Die »Wahrheiten« werden dann benutzt, um das verwirrende Leben, das jeden Tag wieder neue Überraschungen in petto hält, vor der Türschwelle zu halten. Dann wird beispielsweise nicht mehr wahrgenommen, dass die Kinder von heute nicht mehr die Kinder von damals sind; dann wird verstört und entrüstet reagiert auf die Tatsache, dass das Böse inzwischen bis in alle Ecken und Winkel des modernen Lebens vorgedrungen ist; dann wird allen Ernstes gemeint, dass der Verzicht auf die Anschaffung eines Fernsehapparates ein spiritueller Beitrag ist zu so etwas Wichtigem wie »der Entwicklung der Menschheit«.

Auch Steiner trug Schuhe, die dem Verschleiß unterlagen. Mit dieser Feststellung wird sein Werk keineswegs relativiert, im Gegenteil. Steiner zeigte gerade, wie in einer Welt, in der die Täuschung die Regel und die Wahrheit die Ausnahme ist, dennoch nach dieser Wahrheit gesucht werden kann und auch nach dem, was als Tat, als Handlung *gut* ist. Und dass er darin, genauso wie jeder andere Mensch, der Versuchung ausgesetzt war, die Welt des Scheins zu meiden, das zeigt sich zum Beispiel in der Tatsache, dass er im Jahre 1923 ernsthaft erwog, sich aus der Anthroposophischen Gesellschaft zurückzuziehen und – wie es Willem Zeylmans van Emmichoven überliefert – zusammen mit einigen Getreuen einen »Orden« zu stiften. Dieser Versuchung gab er letztlich nicht nach, weil er der Ansicht war, dass es gut sei, etwas anderes zu tun: Nämlich den Vorsitz ausgerechnet derjenigen Gesellschaft zu übernehmen, unter der er so litt. Mit dieser Tat trieb er die Spannung zwischen Schein und Wesen auf die Spitze.

Im Dezember 1992 verstarb Bernard Lievegoed, und auch sein Tod zog Verwirrung nach sich. Dies hatte eine Ursache darin, dass er in seinem »geistigen Testament«, dem Buch *Über die*

Rettung der Seele, eine Sicht auf die Anthroposophie vertrat, die nicht von allen verstanden wurde. In diesem Buch, das noch auf dem Sterbebett zustande kam[4], spricht er über drei geistige Strömungen, die eng miteinander zusammenhängen, aber doch voneinander zu unterscheiden sind: den Manichäismus, das Rosenkreuzertum und die Anthroposophie. Nach Lievegoeds Urteil ist es von größter Wichtigkeit, die Wirklichkeit dieser Strömungen zu erfassen, weil dadurch die Krise der Anthroposophischen Bewegung überwunden werden kann.

Dass die Anthroposophische Bewegung sich in einer Krise befindet, stand für Lievegoed außer Zweifel. In meinem Buch *Mittendrin. Anthroposophie hier und jetzt* beschreibe ich, wie die Anthroposophie heute weltweit sowohl spirituell wie gesellschaftlich in die Isolation geraten ist. Nach Lievegoed war diese Isolation die Folge der Tatsache, dass der Blick auf die eigentliche Aufgabe der Anthroposophie verloren gegangen war. In den Augen vieler Anthroposophen war die Anthroposophie »alles« geworden und dadurch »nichts«. Lievegoed meinte, dass das Werk von Rudolf Steiner nur zu verstehen ist, wenn es im Zusammenhang mit der Aufgabe zweier anderer Eingeweihter gesehen wird, Christian Rosenkreuz und Mani.

Auf Lievegoeds Thesen erfolgten heftige Reaktionen in der anthroposophischen Bewegung, sowohl im positiven wie im negativen Sinne. Ich möchte an dieser Stelle nicht auf die unlautere Weise eingehen, durch die versucht wurde, Lievegoed in Misskredit zu bringen: Manchen zufolge, die ihn jahrelang nicht mehr erlebt hatten, sei er auf seinem Krankenbett nicht mehr ganz bei Verstand gewesen. Alle Menschen jedoch, die ihn in seinen letzten Lebensmonaten gesprochen haben, werden ausdrücklich das Gegenteil bestätigen. Viel wichtiger ist, dass er sein geistiges Testament als eine Art Arbeitsbuch auffasste, an dem weitergearbeitet werden sollte.

»Wenn dieses Buch zu einer fruchtlosen Pro- und Kontradiskussion führt über die neuen esoterischen Erkenntnisse, die darin präsentiert werden«, meinte er, »so verfehlt es sein Ziel. Ich hoffe, dass die Leser längere Zeit in ihren Seelen mit den darin gegebenen Antworten, aber auch mit den neuen Fragen, die dadurch entstehen, werden leben wollen. Ein Urteil, das zu schnell gefällt wird, z.B. dadurch, dass es einem nicht sofort deutlich ist, wie sich die neuen Erkenntnisse zu dem verhalten, was Rudolf Steiner geäußert hat, schlägt die Türe zur geistigen Welt wieder zu.«

Seit der Publikation von *Über die Rettung der Seele* habe ich mit Hunderten von Menschen aus Europa und Amerika intensiv an dem Inhalt weiterarbeiten dürfen. In Seminaren, Workshops, Vorträgen, Gesprächen und vielen Briefwechseln entstand ein lebendiger und engagierter Prozess, den man am zutreffendsten als eine Forschungsarbeit bezeichnen könnte. Es ist nicht übertrieben, zu sagen, dass in diesem Prozess jeder einzelne Aspekt des Buches sorgfältigst geprüft und abgewogen wurde. Dies betrifft auch die Struktur des Buches, viele Details, den Stil, die Missverständnisse, die es hervorgerufen hat, Fehler, die darin enthalten sind und den Impuls, der sich durch es hindurchzieht. Und immer mehr wurde mir deutlich, dass es eine tiefere Botschaft beinhaltet, die allerdings erst sichtbar wird, wenn die Bedeutung der historischen Reihenfolge der genannten Eingeweihten – Manu, Mani, Christian Rosenkreuz und Rudolf Steiner – verstanden worden ist. Diese Reihenfolge hat eine große Bedeutung. Rudolf Steiner wurde am Ende des 19. Jahrhunderts von Christian Rosenkreuz »eingeladen«, die Anthroposophie als Geisteswissenschaft zu entwickeln. Christian Rosenkreuz wurde zweimal, im 15. und im 13. Jahrhundert, durch Mani eingeweiht; und Mani empfing seinerseits im 9. Jahrhundert seinen Auftrag von Manu, dem großen zentralen Eingeweihten der altatlantischen Sonnenmysterien. Dieser historische Vorgang ist im Werk Rudolf Steiners dokumentiert und auch in dem anderer anthroposophischer Forscher. In den nächsten Kapiteln werde ich noch ausführlicher hierauf eingehen.

In *Über die Rettung der Seele* ist ein entscheidender Irrtum enthalten, dem zwar eine außerordentlich treffsichere Intuition zugrunde liegt, der aber dennoch auf einen Irrweg führen kann. Lievegoed meinte nämlich, dass Mani, der Stifter des historischen Manichäismus, der im 4. Jahrhundert n. Chr. seine Hochblüte erlebte, eine Inkarnation von Manu sei, dem großen Eingeweihten der alten Atlantis. Nun, wie man es auch betrachtet, es ist jedenfalls sehr unwahrscheinlich, dass dies so zutrifft. Es besteht allerdings eine sehr enge Verbindung zwischen den Beiden, und gerade im Verständnis dieser Verbindung liegt der Schlüssel zur Botschaft des geistigen Testaments von Bernard Lievegoed. Im vierten Kapitel dieses Buches beschreibe ich den Charakter dieses Zusammenhangs.

In den folgenden Kapiteln stelle ich zunächst meine Forschungen bezüglich Manu, Mani, Christian Rosenkreuz und Rudolf Steiner dar. Ich bin mir der Grenzen dieser Forschungen bewusst. Ich verfolge so gut wie ausschließlich die irdische Spur, die zur Anthroposophie führte und dann überdies noch eine sehr bestimmte Seite davon. Manu, Mani, Christian Rosenkreuz und Rudolf Steiner waren Menschen, die zwar von höheren Wesen inspiriert worden sind, die aber als Menschen handelten. In ihren aufeinanderfolgenden Inkarnationen hatten sie eine Orientierung auf den Christus. In der langen Periode, die dem Mysterium von Golgatha voranging, lebten sie als Mensch mit dem kommenden Christus mit, während sie in der darauffolgenden Periode die Konsequenzen aus seinem Sterben und seiner Auferstehung zogen. Dies ließe sich geschichtlich darstellen, allein ich fühle mich nicht dazu in der Lage. In den Werken beispielsweise von Sergej O. Prokoffief finden sich wichtige Aspekte einer solchen Geschichte.

Der Untertitel dieses Buches lautet: »Anthroposophie als ein Weg zum Gral«. In meinem Buch *Mittendrin* stelle ich dar, dass mich die Beziehung zwischen der Anthroposophie und dem Gral schon länger beschäftigt hatte. Der Anfang dieser Beschäftigung liegt über ein Vierteljahrhundert zurück, als ich in Rudolf Steiners *Geheimwissenschaft im Umriss* die rätselhafte und weiter kaum erläuterte Bemerkung entdeckte, dass der Inhalt dieses Buches als eine »Wissenschaft vom Gral« angesehen werden könne. Die einzige Erläuterung Rudolf Steiners lautet: »Wer dieses Symbol, wie es in Erzählungen und Sagen gegeben ist, seiner tieferen Bedeutung nach verstehen lernt, wird nämlich finden, dass es bedeutungsvoll das Wesen dessen versinnlicht, was oben die Erkenntnis der neuen Einweihung, mit dem Christusgeheimnis der Mitte genannt worden ist. Die neuzeitlichen Eingeweihten können deshalb auch die ›Eingeweihten des Grals‹ genannt werden. Zu der ›Wissenschaft vom Gral‹ führt der Weg in die übersinnlichen Welten, welche in diesem Buch in seinen ersten Stufen beschrieben worden ist«.[5]

Dass der Gral auch in dem Buch *Über die Rettung der Seele* eine große Rolle spielt, geht aus der Tatsache hervor, dass alle darin genannten Menschheitsführer eine Inkarnation im Zusammenhang der Gralsbewegung durchgemacht haben: Manu als Titurel, Mani als Parzival, Christian Rosenkreuz als Flos (Flor) und Rudolf Steiner als Schionatulander. Der Gral ist quasi die Schale, die alle genannten Strömungen umfasst. Und aus dem soeben wiedergegebenen Zitat lässt sich ableiten, dass auch Steiner sich selbst als einen »Eingeweihten vom Gral« sieht. Mehr noch, er meint, dass das Bild des Grales über der neuen Einweihung als solcher steht!

Das Thema der neuen Einweihung hängt zentral mit dem Werk Rudolf Steiners zusammen. Er war es, der als Erster in der Öffentlichkeit das Prinzip der »geistigen Offenbarung« verband mit dem modernen Bewusstsein, das sich durch individuelle Freiheit und ein autonomes Urteilsvermögen kennzeichnet. Steiner wollte kein Priester sein, kein Guru, kein willenloses Sprachrohr eines geistigen Wesens, ja nicht mal ein »Doktor«, der alles Mögliche offenbarte. Mehr als alles andere war Rudolf Steiner er selbst. Und nur er selbst trug die Verantwortung für die Dinge, die er sagte und tat. Und genau dazu rief er seine Zuhörer auf: zum Entwickeln eines selbständigen Urteils nämlich, basiert auf eigenen Erfahrungen und eigenen Erkenntnissen.
Rudolf Steiner war auf der Suche nach dem Gral. Am schönsten kommt dies zum Ausdruck in einigen Vorträgen über den Gral, in denen er Schritt für Schritt beschreibt, welche Probleme er bei seiner Gralssuche überwinden musste. In meinem Buch *Mittendrin* beschreibe ich diese Probleme ausführlich. Eines davon möchte ich auch hier nennen, weil dabei deutlich wird, wie sehr auch Steiner als Eingeweihter mit den Irrtümern seiner Zeit zu kämpfen hatte.

Bei seiner geisteswissenschaftlichen Forschung nach der Bedeutung des Grals stieß Steiner auf die Figur des Kyot, der von Wolfram von Eschenbach als seine wichtigste Quelle genannt wird. Der gängigen Wissenschaft zufolge ist dieser Kyot jedoch keine historische Figur, sondern eine Erfindung Wolframs. Steiner ging eine Weile davon aus, dass die Wissenschaft in dieser Hinsicht tatsächlich Recht hatte.

In diesem Zusammenhang sagt er folgendes: »Und nun, da es sich mir darum handelte, die Schale zu finden, da wurde ich zunächst irregeführt, durch einen gewissen Umstand irregeführt, meine lieben Freunde. Es ist – ich sage das in aller Bescheidenheit, nicht um damit etwas Unbescheidenes auszudrücken –, es ist mir immer notwendig erschienen bei der okkulten Forschung, nicht nur zu berücksichtigen, was sich unmittelbar aus okkulten Quellen heraus ergibt, sondern, wenn es sich um ein ernstes Problem handelt, zu berücksichtigen das, was die äußere Forschung zutage gefördert hat; und das ist überhaupt gut, so scheint es mir, wenn man nicht nachlässt bei der Verfolgung eines Problems wirklich gewissenhaft alles zu Rate zu ziehen, was die äußere Gelehrsamkeit zu sagen hat, damit man sozusagen auf der Erde bleibt, nicht ganz sich verliert im Wolkenkuckucksheim. Hier war es, dass diese exoterische Gelehrsamkeit mich irregeführt hat.«[6]

Es kommt nur selten vor, dass Steiner derartige Einblicke in seine Arbeitsweise gibt. Meistens spricht er nur über die Resultate seiner Forschung und nur wenig über die »Aventiuren«, die er erlebte. Dass er dies ausgerechnet in seinen Vorträgen über den Gral so ausdrücklich tut, ist vielsagend. Er möchte damit andeuten, dass mit dem Gral eine neue Arbeitsweise verbunden ist, in welcher Schein und Wesen aufeinander bezogen werden. Eigentlich ist dies die Arbeitsweise Parzivals selbst, der ja auch durch Fehler und Irrtümer, kurzum: dadurch, dass er sich voll in das Lebensschicksal stellt, zur Einsicht kommt.

Die zentrale These dieses Buches besteht darin, dass Rudolf Steiner *seinen* Beitrag geliefert hat zur Begründung der neuen Sonnenmysterien auf der Erde. In sehr alten Zeiten wurden die Sonnenmysterien, um die sich alle anderen Mysterien gruppierten, von Manu geleitet. In der Gestalt des Titurel, der den Gral »zur Erde brachte«, hat Manu die Fackel Parzival übergeben, der eine Inkarnation des Mani gewesen ist. Die Gralsbewegung muss daher als ein erster Schritt der Einrichtung der neuen zentralen Sonnenmysterien *auf der Erde* gesehen werden. Wieder weitere Schritte wurden nacheinander von Christian Rosenkreuz und Rudolf Steiner verwirklicht, die beide eine ganz bestimmte notwendige aber deutlich voneinander unterschiedene Aufgabe auf sich genommen hatten.

Nun liegt ausgerechnet über den alten Sonnenmysterien ein Schleier des Geheimnisses. Um zum Wesen der Mysterien im Allgemeinen vorzudringen, ist es jedoch notwendig, gerade von diesen zentralen Mysterien im Besonderen ein gutes Bild zu haben. Denn sie sind gewissermaßen die Mutter aller anderen Mysterien. Um einen Weg zu diesen Sonnenmysterien zu finden, habe ich mich an die Bilder und Erzählungen gehalten, die mir am tiefsten vertraut sind und die in der jüdischen und christlichen Tradition bekannt sind. Dazu gehören selbstverständlich die Schriften der Bibel, aber auch apokryphe Texte wie die sogenannten Adamslegenden und die Erzählungen über die *Schatzhöhle*, wie sie aufgezeichnet worden sind durch Ephraim Syrus.[7]

Ich bin bei meinen Forschungen von der Wirkung ausgegangen, die die *Bilder* in den erwähnten Texten auf mich persönlich hatten. Ich möchte hier keine Rechenschaft ablegen über diese Arbeitsweise. Diesbezüglich verweise ich auf mein Buch *Mittendrin*, das auch als eine Erforschung der Bedeutung literarischer, religiöser und esoterischer Bilder aufgefasst werden kann.

Außer Rudolf Steiner und Bernard Lievegoed müssen noch drei weitere Anthroposophen genannt werden, deren Werk für mich eine wichtige Rolle spielten beim Finden eines Zugangs zu den Imaginationen, die in den nächsten Kapiteln beschrieben werden. Der erste ist Emil Bock, ein Priester der Christengemeinschaft. Er hat in einer Reihe einzigartiger Bücher versucht, die Bildersprache der Bibel zu entschleiern. Sein Werk ist besonders stark von Rudolf Steiner inspiriert, und Bock will dies auch keineswegs verbergen. Doch er hat eine ganz eigene Arbeitsweise, die sich durch ein großes Gefühl für Zusammenhänge zwischen zunächst zusammenhangslos scheinenden Details charakterisiert. Wo Rudolf Steiner sich oft auf einige wichtige Hauptpunkte konzentriert, über die er feurig und eindringlich spricht, nimmt Bock sich oft der Details an, die er liebevoll, behutsam und sensibel behandelt.[8] Die zweite Persönlichkeit ist Rudolf Meyer, ebenfalls ein Priester der Christengemeinschaft. Er ist der Verfasser zweier Bücher, die mir große Dienste geleistet haben. Das eine trägt den Titel *Zum Raum wird hier die Zeit. Die Gralsgeschichte*.[9] Das zweite Buch heißt *Albert Steffen, Künstler und Christ*.[10] Ganz ähnlich wie Emil Bock hat auch Rudolf Meyer ein feines Gefühl für Details. Daneben ist ihm aber auch eine große Liebe zur Sinneswelt eigen, zu den irdischen Verhältnissen und zum Zusammenhang zwischen Erde und Himmel. Sein Werk zeichnet sich aus durch Wärme für das Persönliche und Respekt vor den Paradoxa, mit denen Menschen in ihrem Leben zu schaffen haben. So ist sein Buch über den Dichter Albert Steffen, der Rudolf Steiner im Jahre 1925 als Vorsitzender der Allgemeinen Anthroposophischen Gesellschaft nachfolgte, durch große Teile der Mitgliedschaft allerdings nicht als solcher akzeptiert wurde, ein warmherziger Versuch, Steffens spirituelles Wesen zu begreifen. In beiden Büchern erweist sich Rudolf Meyer auch als ein Autor, der in der Lage ist, die Anthroposophie in einen größeren Zusammenhang zu stellen.

Als dritter muss hier Walther Johannes Stein genannt werden, genau wie Meyer ein Gralssucher. In seinem Buch *Weltgeschichte des heiligen Gral* spürt er den historischen Hintergründen der Gralsbewegung im neunten Jahrhundert nach.[11]

Amsterdam, im Dezember 1997

ERSTES KAPITEL
Manu und der Schmerz der Seele

Als Rudolf Steiner während der »Weihnachtstagung« 1923 die damalige Allgemeine Anthroposophische Gesellschaft erneuerte, stellte er in das Herz dieser Vereinigung die sogenannte »Freie Hochschule für Geisteswissenschaft«. Für ihn war der Start dieser Hochschule eine entscheidende Handlung, in der sein eigentlicher spiritueller Impuls Gestalt annehmen sollte: das Öffentlichmachen der neuen Mysterien. In dieser Schule sollte die Anthroposophie Wirklichkeit werden, nicht nur als eine Weltanschauung, sondern als ein »Wesen«, das sich bis in die irdischen Verhältnisse hinein verkörpern konnte. Er betrachtete das Zusammenwirken der Anthroposophischen Gesellschaft und der Hochschule als eine Mysterienstätte, in der das esoterische und das exoterische Leben nicht länger voneinander getrennt waren.

Aber was ist eigentlich eine Mysterienstätte? Was sind »alte« Mysterien, und was können »neue« sein? Was ist gemeint mit dem Öffentlichmachen der Mysterien, und wie verhält sich dieses Streben zur Aufgabe der Anthroposophie im Allgemeinen und der Rudolf Steiners im Besonderen? Und wie lässt sich in diesem Zusammenhang der berühmte Ausspruch Joseph Beuys' verstehen, dass die Mysterien heute »auf dem Bahnhof stattfinden«?

In vorchristlichen Zeiten war die Menschheit eingebettet in das Walten geistiger Wesen, wie Engel, Erzengel, Archai. Von einem individuellen Bewusstsein, das sich auf irdische Verhältnisse orientiert, wie wir es heute kennen, war noch keine Rede. Der Mensch schlief gleichsam noch im Schoß der Götter.

Langsam jedoch fand ein Erwachen des menschlichen und des individuellen Bewusstseins statt, zunächst noch in einer Form, die sich am ehesten mit dem Traum vergleichen lässt. In den Seelen der Menschen entstanden Bilder, die zunächst noch ganz mit den Prozessen in der geistigen Welt zusammenhingen; die mythologischen Vorstellungen, die wir aus den alten Kulturen kennen, lassen sich als ein Echo solcher Bilder auffassen.

Mit dem allmählichen Abschiednehmen von der göttlichen Welt und dem Erreichen eines Zustandes, in dem der Mensch ganz auf sich gestellt war, sind vielerlei Geschehnisse verbunden, die in Mythen und Sagen, doch auch in der modernen esoterischen Literatur genau beschrieben worden sind. Einer dieser Prozesse ist die Begründung und Pflege von *Kulturen*. Im esoterischen Sinn ist eine alte Kultur – wie zum Beispiel die indische, die ägyptische, die aztekische, die griechische – eine Einrichtung, die den Übergang vom göttlichen Bewusstsein zum menschlichen möglich macht.

Die Stiftung solcher Kulturen ging von sogenannten »Mysterienstätten« aus: spirituelle Einrichtungen, in denen gleichzeitig zwei Dinge geschahen. Einerseits wurde die esoterische Verbindung mit der göttlichen Welt solange wie möglich instand gehalten. Zu diesem Zweck fanden Einweihungen statt und es wurden kultische Handlungen verrichtet. Andererseits herrschte eine Orientierung auf die exoterische Kultur: bis in die Praxis der Landwirtschaft, des sozialen Lebens, der Künste, des Städtebaus und der Heilkunst gingen von solchen Mysterienstätten richtungsweisende Impulse aus. In den mythologischen Geschichten finden wir dies in der Tatsache wieder, dass z.B. die Heilkunst als eine »Kunst« betrachtet wurde, die von einem bestimmten Gott (Hermes) der Menschheit übergeben worden war.

In der Geschichte lässt sich eine erstaunliche Fülle an alten Mysterien finden. Oft sind solche Mysterienstätten einem bestimmten Gott geweiht, der wiederum mit einem Planeten verbunden ist, einem Sternbild oder einem Element (wenn es sich um eine niedere Gottheit handelt). So gab es die Mysterien des Saturn, die Marsmysterien, die Mysterien von Apollo und Dionysos, von Amon (die innere Sonne) und Aton (die äußere Sonne), von Osiris und Isis (zusammenfallend mit Orion), des Mithras (dem Stiergott), des Jehova (auf den Mond orientiert), von Hybernia (Sonne und Mond) und viele andere. Kurzum, es gab eine große Anzahl unterschiedlichster Mysterien, und jedes dieser Mysterien ist einerseits mit einer ganz spezifischen geistigen Wirklichkeit verbunden, andererseits mit einer nicht weniger spezifischen Aufgabe in der äußeren Kultur.

Die Mysterien waren streng hierarchisch gegliedert. Ihre Leiter waren »Eingeweihte« oder auch Hierophanten, die in hohem Ansehen standen. In der ägyptischen Zeit zum Beispiel waren die Träger der göttlichen Impulse die Pharaonen. Was sich in den Mysterien an kultischen Handlungen und Einweihungsprozeduren vollzog, wurde streng geheimgehalten. Was das gemeine Volk davon zu hören oder zu sehen bekam – es wurden auf den Tempelplätzen Feste für das Volk gehalten, die oft mit den Jahreszeiten oder bestimmten Planetenstellungen am Himmel zusammenhingen –, war nicht mehr als ein Schatten der eigentlichen Wirklichkeit. Wenn ein Eingeweihter doch etwas mit hinausnahm, wurde das als ein Mysterienverrat betrachtet, worauf häufig die Todesstrafe stand. Ein berühmtes Beispiel eines solchen Mysterienverrates ist der griechische Theaterdichter Aischylos, der in seinen Stücken angeblich einige Geheimnisse aus bestimmten Mysterien der Öffentlichkeit preisgegeben haben soll.

Man konnte nicht aus eigenem Willen ohne Weiteres zu den Mysterien zugelassen werden; man musste dazu erwählt werden. Etwa so, wie heute noch die jeweils nächste Inkarnation des Dalai Lama oder eines anderen hohen Lamas durch die tibetanischen Priester »entdeckt« wird, so wurde in alten Zeiten der Einzuweihende im Volk »gefunden«. Durch eine lange und intensive Schulung, die sich oft in strenger Absonderung vollzog und in der Regel einen Bezug hatte zur Entwicklung moralischer Qualitäten, wurde der Einzuweihende auf die eigentliche Einweihung vorbereitet, die immer einen dramatischen Charakter trug.

Wenn der heutige Mensch sich in die Vorgänge vertieft, die sich in solchen Mysterienstätten abspielten, kann er von tiefem Grauen und Unverständnis ergriffen werden. So wurde in der ägyptischen Zeit der Einzuweihende in eine Art Grab gelegt und mittels allerlei esoterischer Techniken – wobei auch Stoffe verwendet wurden, die wir heute als Drogen bezeichnen würden – in einen Zustand des Scheintods gebracht. Nach drei Tagen wurde der Einzuweihende wieder ins Leben zurückgerufen, was eine durchaus schwierige Angelegenheit sein konnte und lange nicht immer gelang. Der Hintergrund dieses Prozesses ist eigentlich recht gut zu verstehen, wenn man sich klarmacht, dass das Leben im physischen Körper als eine Art Abgesondertsein von der geistigen Welt betrachtet wurde. Das Leben wurde praktisch als eine Art Tod betrachtet und der physische Leib als das eigentliche Grab. Indem nun die Seele – vom ätherischen Leib getragen – von dem physischen Leib getrennt wurde, konnte wieder eine Verbindung mit der Welt des Göttlichen hergestellt werden. Während der drei Tage des Scheintods machte der Einzuweihende allerlei geistige Erfahrungen, die in der Folge »verarbeitet« wurden. Diese Verarbeitung konnte wiederum viele Jahre in Anspruch nehmen. Ähnlich wie bei einem LSD-Trip konnten solche Erfahrungen einen stark chaotischen Charakter tragen, und es dauerte sehr lange, bis sie wirklich verstanden und bewältigt waren.

In den nordischen Mysterien wurde ganz anders vorgegangen, obwohl es auch dort um das Abtasten der Grenze zwischen Leben und Tod ging. Hier wurde der auserkorene Jüngling, oft ein Prinz, oder ein Adliger, drei oder sogar neun Tage lang in großer Kälte nackt und mit dem Kopf nach unten an einem Baum aufgehängt. Wenn der Einzuweihende diese Prüfung durchgestanden hatte, wurde ihm mitgeteilt, dass er als Geschenk der Götter nun die Kraft des Zorns empfangen habe. Das Verarbeiten dieser Erfahrung bestand dann darin, dass der Jüngling lernen musste, seine Wut zum Zorn umzuschmelzen, d.h. zu einer objektiven Kraft, mit der segensvoll innerhalb der Kultur gewirkt werden konnte. Zu den Methoden, mit denen diese Umwandlung durchgeführt wurde, gehörte auch das sogenannte »Streitgespräch«, das man noch bis in die Texte der Edda hinein finden kann. Das Schelten und Streiten hatte in der Kultur der Wikinger zum Beispiel einen hohen Stellenwert: Erst wurde die Wut geweckt und *ausgelebt*, daraufhin wurde auf sie verzichtet und sie zu einer höheren Kraft transformiert. Nach Auffassung einiger Sprachgelehrter bedeutet das Wort Edda übrigens »Wut, die in Gesang verwandelt ist«! [11a] Der starke und mitreißende Rhythmus der Lieder aus der Edda verrät noch immer die impulsierende Stoßkraft des Zorns. Es ist übrigens auffällig, dass in heutigen spirituellen Kreisen oft eine große Abneigung gegen Wut und Zorn herrscht. Ein spiritueller Mensch, so wird oft behauptet, hat nicht wütend zu sein, weil dies ein Ausdruck innerer Disharmonie sei.

In dem Maße wie die Zeit weiter fortschritt und die direkte Verbindung mit der göttlichen Welt immer schwieriger hergestellt wurde, fing die Tradition an, eine immer größere Rolle zu spielen. Die kultischen Handlungen wurden immer weniger auf der Basis einer echten Erkenntnis verrichtet und immer stärker auf der Grundlage reiner Überlieferung. Allmählich kam es soweit, dass ein Eingeweihter jetzt jemand war, der von seinem Vorgänger hörte, wie er zu arbeiten hatte. Und damit begann ein Prozess der Dekadenz, der eigentlich aus Unterschieden der Kenntnis verschiedenartiger Interpretation der Traditionen bestand.

Vor allem die Geschichte der ägyptischen Kultur überliefert eine Fülle von Berichten, die von heftigen Meinungsdifferenzen zeugen in Bezug auf dasjenige, was »richtig« und was »nicht richtig« war. In diesem Zusammenhang ist das Auftreten einer Figur wie Echnaton sehr lehrreich, der meinte, dass die damaligen Mysterien des Amon in eine dekadente Verfassung geraten seien. Seiner Meinung nach wurden die Mysterien nur dazu benutzt, um das Volk zu unterdrücken; die Priester konnten daher nicht mehr als Eingeweihte betrachtet werden – sie waren zu Politikern geworden, die bestimmte Interessen verteidigten. Als Gegengewicht introduzierte Echnaton die Mysterien des Aton, deren letztes Überbleibsel der berühmte *Sonnengesang* ist.

Der Charakter dieses Liedes zeigt, worum es sich zunächst gehandelt hat: Die Sonne ist für jeden da und nicht nur für eine kleine Gruppe privilegierter Personen. Auch Echnaton bekam den Vorwurf des Mysterienverrats zu hören, und nach einer bitteren und harten Auseinandersetzung wurde er von den Priestern des Amon ermordet. Sein Nachfolger trug in seinem Namen nicht den Namen des Aton (was »äußere Sonne« bedeutet oder auch »die Sonne, die jeder sehen kann«), sondern den des Amon. In unserem Jahrhundert hat dieser Nachfolger, der eigentlich ein Strohmann der konservativen Priesterschaft des Amon war, wieder große Bekanntheit erlangt, weil die Auffindung seines Grabes zu den spektakulärsten neueren archäologischen Ereignissen gehört. Sein Name war Tutenchamun.

In der sogenannten atlantischen Zeit, die der Bildung der uns bekannten alten Hochkulturen voranging und die ihren Untergang in jener Naturkatastrophe fand, die wir heute als die Sintflut kennen, konnte man noch von einer Einheit bei aller Unterschiedlichkeit der Mysterien sprechen. Diese Einheit wurde von denjenigen Mysterien gewährleistet, die mit der Sonne zusammenhängen. In der alten Atlantis hatten die Leiter der verschiedenen Mysterien, z.B. von Mars oder Venus, Merkur oder Jupiter, noch eine Orientierung auf den Gesamtzusammenhang aller Mysterien. Diese Orientierung wurde durch eine »überkuppelnde« Organisation am Leben erhalten, die die unterschiedlichen Ausprägungen überstrahlte. Eigentlich bilden diese Sonnenmysterien den Beginn des Mysterienwesens überhaupt. Die erste Mysterienstätte, die gestiftet wurde, hing also mit jenem göttlichen Wesen zusammen, das in der Sonne lebte und als der Urquell allen Lebens und des Bewusstseins betrachtet wurde. Die Pflege der Beziehung zu diesem Wesen war die Aufgabe dieser Mysterien.

Der esoterischen Literatur zufolge war der Leiter der atlantischen Sonnenmysterien der »große Manu«. Er war auch derjenige, der die Menschheit nach dem Untergang des atlantischen Kontinents – nach der Sintflut also – in andere Gebiete führte und die Bildung der altindischen, später der altpersischen und schließlich der altägyptischen Kultur impulsierte. Die großen Führergestalten dieser Kulturen, die sieben Rishis, Zarathustra und Hermes, waren seine Schüler. In alten Zeiten wurde er darum der »göttliche Manu« genannt.

Manu tritt auch in der Bibel auf, allerdings trägt er dort einen anderen Namen. Unter anderem erscheint er als Melchisedek, Noah, Sem und Seth. Um seine Bedeutung etwas besser verstehen zu können, wollen wir jetzt einige Passagen aus den ersten Büchern der Bibel und anderen alten Texten etwas genauer betrachten.

Zweimal wird uns in der Genesis von der Erschaffung des Menschen erzählt. Beim ersten Mal sagt der Schöpfer am sechsten Schöpfungstag: »Lasset uns Menschen machen nach unserem Bilde, uns ähnlich ...«[12]; der Mensch sei als »männlich-weiblich« erschaffen (und nicht als Mann und Weib, wie in den gängigen Übersetzungen zu lesen ist).[13] Folglich werden bei dieser ersten Erwähnung des Menschen daher auch die Namen Adam und Eva noch nicht genannt. Beim zweiten Mal lesen wir, dass der Schöpfer »Staub des Irdischen« nahm und den Menschen daraus bildete; dann hauchte er ihm Lebensodem in die Nase und »so ward der Mensch ein lebendes Wesen«.[14]

Es handelt sich also um eine stufenweise Schöpfung: Zuerst wird der geistige Mensch nach dem Bilde des göttlichen Schöpfers geschaffen, und dieser Mensch ist gleichermaßen männlich und weiblich und bleibt – wie es beispielsweise in Rudolf Steiners *Geheimwissenschaft im Umriss* beschrieben wird – in der geistigen Welt, ohne sich mit einem irdischen Körper zu verbinden. Er durchlebt in der geistigen Welt, eingebettet in den Schoß der Götter, eine ganze Geschichte, bevor er dazu reif ist, sich in die irdischen Verhältnisse zu begeben. Erst bei der zweiten Schöpfung bekommt dieser Mensch einen Körper. Da hat bereits eine lange Entwicklung stattgefunden; und die Menschheit ist jetzt in der Phase angekommen, die in der esoterischen Literatur als das »alte Lemurien« bezeichnet wird. Auch dies ist eine lange Phase in der spirituellen Geschichte, und sie geht unmittelbar dem voran, was uns als die »alte Atlantis« bekannt ist.

Erst nach der Erschaffung der Erde richtet der Schöpfer das Paradies ein, den Garten Eden, in dem allerlei Bäume wuchsen, »lieblich anzusehen und gut zu essen«.[15] In diesen Garten wird der Mensch »gesetzt«;[16] mitten darin stehen zwei Bäume, der Baum des Lebens und der Baum der Erkenntnis des Guten und des Bösen. Erst im Paradies wird Eva erschaffen und entsteht der Unterschied zwischen dem Männlichen und dem Weiblichen. Diesem Unterschied wird eine große Bedeutung beigemessen; es heißt beispielsweise: »Darum wird der Mann Vater und Mutter verlassen und seinem Weibe anhangen, und sie werden sein *ein* Leib«.[17]

In allen alten esoterischen Erzählungen – Texten also, die aus den alten Mysterien hervorgehen – hat die positive Spannung zwischen Mann und Frau eine tiefe Bedeutung. Um es mit den Worten der Genesis zu sagen: Der Mann »soll Vater und Mutter verlassen«, das heißt, er soll ein Individuum werden, ein unabhängiger *Geist*. Dazu muss er Erfahrungen machen; und das Gebiet, das dazu von den Göttern eingerichtet wird, nennen wir »Erde«. Um aber die Kluft zwischen der Welt des Geistes und der Erde zu überbrücken, braucht der Mensch eine *Seele*. Die Seele ist eine Art Vermittlerin, die sich sowohl zur geistigen als auch zur seelischen Realität wendet. »Dem Weibe anhangen« heißt wohl auch vor allem, in die Welt der Seele herabzusteigen und aus dieser Welt, unter Führung der Götter, selbst eine Seele zu bilden.

Im Paradies werden Geist und Seele in Beziehung zueinander gesetzt, damit eine Entwicklung möglich wird. In der geistigen Welt aber hat ein entscheidendes Ereignis stattgefunden, das zwar nicht in der Genesis, jedoch in einer ganzen Reihe verwandter Geschichten beschrieben wird, wie in der Legendensammlung von der »Schatzhöhle«, die in urchristlicher Zeit von Ephraim Syrus aufgezeichnet und in der späteren Gralsliteratur oft wieder aufgegriffen wurde. Ein hoher Geist in den Himmeln, oft Luzifer genannt, lehnt sich gegen die Intentionen der über ihm stehenden Götter auf. Dieser Geist hat eine große Gruppe Gleichgesinnter um sich, die gemeinsam gegen die Pläne der anderen Götter »rebellieren« und damit den Grund für das Böse auf der Erde legen. Einer dieser anderen Götter, der Erzengel Michael, der auf der Sonne bleibt, bekommt den Auftrag, Luzifer aus den Himmeln hinunter auf die Erde zu stoßen. – Und so geschieht es.

Während Luzifer auf die Erde verbannt wird, ereignen sich zweierlei Dinge, die wahrscheinlich in enger Beziehung zueinander stehen und in vielen Erzählungen auftauchen. Das eine Ereignis besteht darin, dass sich einer der Edelsteine aus Luzifers Krone löst, als Michael ihm den Stoß versetzt. Lange Zeit hindurch wird dieser Edelstein in der geistigen Welt aufbewahrt, bis später aus ihm der heilige Gral geschaffen wird. Das irdische Gegenbild des Bösen, der Gral, wird also aus dem Teil des Bösen gebildet, das in der geistigen Welt zurückbleibt.

Das zweite Ereignis besteht darin, dass Michael das sogenannte »Adambuch« anfertigt. Den Göttern wird jetzt bewusst, dass der Mensch, der im Paradies wohnt, den Verführungen des Luzifer nicht gewachsen sein wird und daher Hilfe braucht. Da es Michaels Aufgabe ist, die kosmische Weisheit zu hüten – jeder der Götter hat eine eigene spezielle Aufgabe –, wird gerade er aufgefordert, diese Weisheit in einem Buch aufzuzeichnen und dieses Buch Adam zu geben. Emil Bock nennt dieses Buch in seinem Werk *Urgeschichte* »die große göttliche Wegzehrung des Bewusstseins«, mit welcher der Mensch imstande ist, »in allem irdischen Erkennen die Substanz des göttlichen Lichtes lebendig zu erhalten.«[18] Im Wesentlichen gibt es den Inhalt der alten atlantischen Sonnenmysterien wieder.

Luzifer nimmt, wie wir wissen, im Paradies die Gestalt einer Schlange an und verführt Eva, die Seele, dazu, den Apfel zu pflücken. Es war nicht irgendein Apfel, sondern die Frucht eines Baumes, von dem Adam und Eva ausdrücklich nicht essen durften, ein Apfel vom Baum der Erkenntnis des Guten und Bösen. Die Früchte dieses Baumes sahen ganz besonders »begehrenswert« aus, und machten »klug«, wenn man davon aß.[19] Bedeutungsvoll ist die Reihenfolge der Ereignisse: Eva pflückt den Apfel und isst davon, dann gibt sie ihn Adam, der auch davon isst. Die Seele des Menschen gerät also in Verwirrung und gelangt ins irdische Dunkel, wo Erfahrungen gemacht werden können. Adam, der Geist, kann nicht anders, er muss seiner Seele folgen, denn er muss ja »dem Weibe anhangen«.[20]

Und in dem Augenblick nimmt das große Drama der Menschheit seinen Anfang: Adam und Eva werden aus dem Paradies vertrieben. Die kosmische Einheit von Seele und Geist ist zerbrochen, und das führt zu all den tragischen Ereignissen, die weiterhin in der Genesis beschrieben werden.

In der Legende von der »Schatzhöhle« wird erzählt, dass Adam und Eva außerhalb des Paradieses eine Höhle finden, die sie zu ihrem Wohnplatz wählen. Über den Ort dieser Grotte heißt es, er sei in der »Mitte« der Erde und hätte einen Zugang zum Unterirdischen, zur Unterwelt, wo Luzifer herrscht. Dieser Platz werde Golgatha, auch Schädelstätte genannt. An dem Ort also, wo Christus später am Kreuz sterben wird und wo er sich zwischen Tod und Auferstehung drei Tage lang in der Unterwelt aufhält, finden Adam und Eva einen Ort, an dem sie bleiben können.

Dieser Ort wird von Emil Bock als die erste Mysterienstätte der Menschheit bezeichnet. Es ist dieselbe Höhle, in welcher das Adambuch des Michael aufbewahrt wird. Golgatha ist also der erste Ort auf der Erde, an dem zwischen der Welt der Götter und der Welt der Menschen vermittelt wird; die unmittelbare Einheit ist zerbrochen, der Mensch ist auf sich selbst gestellt und steht jetzt vor dem großen Abenteuer der geistigen Einsamkeit und der Wanderung durch die Dunkelheit.

Es handelt sich hier um eine Mysterienstätte, die mit der Sonne verbunden ist, denn das Adambuch hat der Erzengel Michael auf der Sonne geschrieben, und später wird es der Ort sein, an dem der Sonnengott Christus seine kosmisch-irdische Einweihung erlebt (den Kreuzestod und die Auferstehung). Um ein deutlicheres Bild von der Bedeutung dieser Ur-Mysterienstätte zu bekommen, die Ausgangspunkt aller späteren Formen von Mysterien ist, soll noch einiges von dem dargestellt werden, was den alten Überlieferungen zufolge im Zusammenhang mit der »Schatzhöhle« geschieht.

Zwischen Kain und Abel, den beiden Söhnen von Adam und Eva, ereignet sich ein großes Drama, das in gewisser Weise als eine Wiederholung früherer Ereignisse betrachtet werden kann, diesmal jedoch auf der Ebene des individuell-menschlichen Schicksals. Abel ist Hirte, der noch im Abglanz der kosmischen Harmonie lebt: Sein Opfer wird von den Göttern angenommen. Das Opfer Kains dagegen – er ist Ackerbauer und hat eine viel nähere Beziehung zur Erde – wird von den Göttern zurückgewiesen; das weckt Kains Wut, die zum Mord an seinem Bruder Abel führt. Durch dieses Ereignis erhält die Mysterienstätte eine weitere Bedeutung.

Zuerst erfahren wir von dem Leid Evas, die beim Betrachten von Abels Leichnam zum ersten Mal wirklich die Konsequenzen ihrer Taten begreift: die Existenz der Sterblichkeit. Ihr Schmerz wird noch größer, als sie später erleben muss, dass auch Adam stirbt, und es wird erzählt, dass sie über hundert Jahre geweint habe ... Was mit dem Anschauen von Abels Leichnam begonnen hat, bekommt mit Adams Tod übermenschliches Gewicht: Eva kann den Schmerz nicht ertragen.

Auch Kain muss leiden. Zunächst einmal kann er nicht in der »Schatzhöhle« bleiben; er muss sich also von der Weisheit des Adambuches entfernen, er zieht in die Welt. Kain ist also der Mensch, der ins Dunkle zieht und, fern von der kosmischen Sonnenweisheit Michaels, damit beginnt, die Erde zu bearbeiten, buchstäblich als Ackerbauer und im übertragenen Sinne als Begründer der menschlichen Kultur. Und während er mit dem Widerstand zu kämpfen hat, den ihm die Erde entgegensetzt, erwacht er Schritt für Schritt und entwickelt Erkenntnis *von unten her.*

Man muss Kain gleichermaßen als konkreten, individuellen Menschen wie esoterisch als den Exponenten eines Teiles der Menschheit verstehen. Bock zufolge ist Kain der »esoterische« Mensch, der im Dunkel der Erde aus eigener Kraft spirituelle Erkenntnis erwirbt, während er über die Erde streift. Abel wird von

Bock als der »exoterische« Mensch angesehen, der mit Hilfe der Götter und später der vermittelnden Priester ein Leben in Übereinstimmung mit den göttlichen Geboten führt. Der exoterische Mensch richtet sich nach den Normen und Lebensregeln, die ihm von oben gegeben werden, der esoterische Mensch sucht nach Werten, die in Wechselwirkung mit der Erde in der Seele geweckt werden.

Tatsächlich vermittelt die Geisteswissenschaft – und damit kommen wir an einen entscheidenden Punkt – eine Sicht auf Kain, die dem Bild, das in der allgemeinen Kultur von ihm existiert, entgegengesetzt ist. In der äußeren Kultur wird Kain als böse, als schlecht bezeichnet, ähnlich wie Judas Ischariot. Spirituell gesehen ist er jedoch der erste Mensch, der persönlich Verantwortung für die Folgen der Taten des Bösen trägt. Er nimmt gleichsam das Schicksal Luzifers auf sich, indem er ihm im Bösen nachfolgt. Damit übernimmt er die Verantwortung für die künftige »Befreiung« Luzifers. Denn das ist die Aufgabe, die Kain – wie alle Menschen, deren Exponent er ist – auf sich genommen hat: die künftige Erlösung Luzifers. Er kann dies nur auf eine einzige Weise tun: indem er sich nämlich verantwortlich fühlt für die Wirkung des Bösen auf der Erde. Daher war es auch notwendig, dass er die Mysterien der Sonne, so wie sie in der Schatzhöhle gehütet wurden, verließ. Ebenso wie Luzifer von Michael aus der Sonnensphäre verjagt wurde, musste Kain dieselbe Sphäre verlassen, um ganz auf der Erde anzukommen.

Hier findet eine völlige ethische Umkehrung statt – und diese ist eines der verborgenen Hauptmotive der Esoterik wie auch der Anthroposophie. Mit dieser Umkehrung hängt der sogenannte Manichäismus zusammen, auf den ich später noch eingehen werde. Dabei geht es nicht so sehr um das historische Auftreten der Mani-Gestalt, die im dritten Jahrhundert nach Christus den Manichäismus begründet hat, sondern vor allem um einen Impuls, der damals seinen Anfang genommen hat und Rudolf Steiner und anderen zufolge in der gegenwärtigen und zukünftigen Zeit eine immer größere Rolle spielen wird. Ein Merkmal dieses Impulses ist, dass viele Menschen in ihrer Seele das Bedürfnis verspüren, das Böse mit Milde zu umarmen, um es dadurch zu etwas Gutem zu verwandeln.

Während Kain sich von den Sonnenmysterien löst, geschieht Folgendes. Nach dem Tod Abels und noch vor dem Tod Adams, während Eva zutiefst trauert, wird ein dritter Sohn geboren: Seth. Von diesem Seth heißt es, er sei *an die Stelle Abels* getreten. Er ist also der erste Mensch, der aus dem Leid Evas geboren ist, und somit ist er das Ergebnis der Tatsache, dass der Mensch seine Sterblichkeit erkennt. Hinter diesem Seth, dem ersten großen Lehrer der Menschheit, dem ersten Hierophanten der Sonnenmysterien, verbirgt sich eine Individualität, über die in der esoterischen Literatur allerdings nur sehr zurückhaltend gesprochen wird; wenn jedoch etwas über sie gesagt wird, so sind es große und bedeutende Dinge. Bock zufolge handelt es sich um eine Individualität, deren Aufgabe es ist, das menschliche Bewusstsein mit dem Geist zu verbinden, also mit der spirituellen Wirklichkeit, von welcher es Abschied genommen hat.

Dieselbe Individualität ist Bock zufolge hinter dem Auftreten großer Gestalten wie Melchisedek, Henoch (was »der Eingeweihte« bedeutet), Noah, »der die Ruhe bringen wird« (dessen zweiter Name, Menahem, laut Emil Bock in etwa »der Tröster« bedeutet) und dem geheimnisvollen Utnapischtim aus dem Gilgamesch-Epos zu sehen. In mehreren Texten heißt es sowohl von Seth als auch von Melchisedek und von Noah, sie hätten viele hundert Jahre beim Betrachten von Adams Leichnam geweint. Es sind also Eingeweihte, die aus der Kraft des Leidens heraus tätig sind und uns in diesem Leiden den Weg zum Geist zeigen.

Als Adam stirbt, wird sein Leichnam in der »Schatzhöhle« begraben, und das ist die Erklärung dafür, dass Golgatha auch »Schädelstätte« genannt wird. (Golgatha wird auch Gabbatha genannt, das bedeutet »Sammelplatz«: der Ort, an dem alle Mysterien, Kulturen und Menschen dereinst zusammengebracht werden). Melchisedek, der Priesterkönig, wird zum Hierophanten dieses Ortes bestimmt, und der Leichnam des Adam wird dabei als Altar angesehen, an dem Melchisedek zelebriert. Melchisedek wird auch die Bewachung des Adambuches übertragen, und er steht Eva in ihrem Schmerz zur Seite. Man könnte es so ausdrücken, dass Melchisedek einen Teil des unerträglichen Leidens der menschlichen Seele auf sich nimmt, weil sie sonst daran zugrunde gehen würde.

Das Zelebrieren des Melchisedek wird dadurch charakterisiert, dass berichtet wird, er kenne das Geheimnis von Brot und Wein. In früheren Zeiten wurden Brot und Wein als die Produkte des Leidens der Erde angesehen: Getreidekörner und Trauben würden ohne Hilfe durch die vernichtenden Kräfte der Erde zugrundegehen. Nur wenn sie in Brot und in Wein verwandelt werden, entgehen sie der Vernichtung und können fruchtbar wirken. Auch hier sehen wir, dass an der Mysterienstätte der »Schatzhöhle« eine Vorbereitung auf das spätere Mysterium von Golgatha stattfindet, das ja mit den Bildern von Brot und Wein so eng verbunden ist.

Auch in den Noahlegenden spielt der Leichnam Adams eine große Rolle. In der Legende von der »Schatzhöhle« wird erzählt, wie Noah den Auftrag bekommt, den Leichnam Adams und auch das Adambuch mit in die Arche zu nehmen. Interessanterweise wird in diesem Zusammenhang über das Adambuch gesagt, es sei inzwischen von einem Sonnenbuch zu einem Mondbuch verblichen. Es ist nicht schwierig zu verstehen, was hiermit gemeint ist: Dadurch, dass sich die Menschheit immer weiter von der göttlichen Welt entfernte, kann sie das unmittelbare geistige Licht der Sonne nicht mehr aushalten; daher muss eine abgeschwächte Spiegelung des Weisheitslichtes entstehen. Diesen Augenblick kann man als den Beginn der Mondmysterien bezeichnen, die weit verbreitet waren und vor allem auch in der jüdischen Kultur einen wichtigen Platz eingenommen haben. Ihr führender Inspirator, Jehova, wird oft in Beziehung zum Mond gesetzt.

Mit Noah sind wir also in einer neuen Entwicklungsphase der Mysterien angelangt. Die Ereignisse im Paradies und die sich unmittelbar danach abspielenden, wie die Ermordung Abels, der Beginn von Kains Herumirren, der Schmerz Evas und die Geburt Seths finden noch in der Zeit statt, die in der esoterischen Literatur der »lemurische Zeitraum« genannt wird, während die Geschichte Noahs sich auf die Zeit der Atlantis bezieht. Die Sintflut, wie sie in der Bibel und noch ausführlicher im Gilgameschepos beschrieben wird, bedeutet das Ende von Atlantis und den Anfang der sogenannten nachatlantischen Zeit. Diese nachatlantische Zeit umfasst aus europäischer Perspektive folgende Kulturepochen: die altindische, die altpersische, die ägyptisch-chaldäische, die griechisch-römische und als fünfte die europäische. Vermutlich umfassen die Geschichten von der »Schatzhöhle«, also die Geschichten von den Urmysterien der Sonne, drei große Epochen: die lemurische, die atlantische und die nachatlantische.

Von allen Gestalten, die als Führer der Sonnenmysterien genannt werden, ist Noah die bekannteste. Der Bibel zufolge ist Noah neunhundertfünfzig Jahre alt geworden. Vermutlich weist die Angabe eines so hohen Lebensalters auf Noahs hohe Geisteskraft hin; es soll damit ausgedrückt werden, dass seine Individualität die Entwicklung der Menschheit nachhaltig geprägt hat. Die Geschichte von der Arche, der Sintflut, der Taube, die das Land findet, und vom Regenbogen braucht hier nicht erzählt zu werden, weil sie als bekannt vorausgesetzt werden darf. Es gibt jedoch einige weniger bekannte Details, die einen direkten Hinweis auf die Bedeutung Noahs geben.

Nach einer jüdischen Sage essen nicht nur Adam und Eva von dem Apfel im Paradies, sondern auch alle Vögel – bis auf einen. Dieser wird, zusammen mit den anderen Vögeln, später von Noah auch mit in die Arche genommen. Aus Ehrfurcht vor »dem Patriarchen« verzichtet er im Gegensatz zu allen anderen Tieren darauf, Noah um Nahrung zu bitten. Noah bemerkt dies und bittet daraufhin die Götter, diesem Vogel Unsterblichkeit zu verleihen. In sein Nest wird der Stein aus Luzifers Krone gelegt, der ihm die Kraft verleiht, aus der eigenen Asche aufzuerstehen. Dieser Vogel ist der berühmte Phönix, der in vielen esoterischen Texten als Bild der menschlichen Seele dargestellt wird, die leidet (verbrennt) und sich erneuert. An einem solchen Detail ist abzulesen, dass Noahs sakrales Wirken mit Sterblichkeit und Unsterblichkeit zu tun hat, mit der Kraft der Wandlung (wie bei Brot und Wein) und mit der Seele. Damit ist er in eine Reihe mit Seth und Melchisedek zu setzen.

Gleich nach der Sintflut, als Menschen und Tiere wieder aus der Arche herausgelassen worden sind und sich über die Erde verstreut haben, also zu Beginn der atlantischen Zeit, geschehen zwei Dinge, von denen in wunderbaren Imaginationen erzählt wird. Als erstes schließt Gott einen Bund mit Noah und seinen Nachkommen. In der Genesis heißt es: »... meinen Bogen stelle ich in die Wolken; der soll ein Bundeszeichen sein zwischen mir und der Erde. Wenn ich nun Wolken häufe ob der Erde und sich der Bogen in den Wolken zeigt, dann will ich des Bundes gedenken, der da besteht zwischen mir und euch und allen lebenden Wesen, und niemals wieder sollen die Wasser zu einer Sintflut werden, die alles Fleisch verderbe.«[21]

Vermutlich wird hiermit eine neue Form der Sonnenmysterien angekündigt, eine Form jedoch, die einen indirekten Charakter hat. Beim Regenbogen handelt es sich ja um die Wirkung des Sonnenlichtes auf die irdischen Elemente: auf das Feuer, die Luft, das Wasser und zum Schluss auch auf die Erde. Zwischen den beiden Extremen, dem Feuer oben im Himmel und der Erde unten am Boden, wird ein Bogen gespannt, der aus Licht besteht, das zerbricht (Goethe nennt es das »Leiden« des Lichtes) und in Farben auseinanderfällt. Dadurch, dass das Sonnenlicht hinter die Wolken tritt, kommt es merkwürdigerweise gerade näher und erscheint in der Vielfalt des Spektrums. Dieses wunderbare Bild darf vielleicht so verstanden werden: Die göttlichen Wesen lassen Noah wissen, dass die unmittelbare Wirkung der Sonnenmysterien abnehmen, auf indirekte Weise durch die anderen Mysterien und durch die Kulturen in ihren verschiedenen Formen aber weiter wirken wird.

Unmittelbar nach diesem Bild folgt in der Genesis jenes andere von Noah, der einen Weingarten anlegt und von dem Wein trinkt, der aus den Trauben gemacht wird. Und dann heißt es: »Und da er von dem Weine trank, ward er berauscht und lag entblößt im Innern seines Zeltes. Als nun Ham, der Vater Kanaans, seines Vaters Blöße sah, sagte er es seinen beiden Brüdern draußen. Da nahmen Sem und Japhet (die beiden anderen Söhne Noahs – JvdM) das Gewand, legten es auf ihre Schultern und gingen rückwärts hinzu und bedeckten ihres Vaters Blöße, indem ihr Angesicht rückwärts gewendet war, so dass sie ihres Vaters Blöße nicht sahen. Als aber Noah von seinem Rausch erwachte und erfuhr, was ihm sein jüngster Sohn getan, sprach er: Verflucht sei Kanaan (die Nachkommen Hams – JvdM)! Knecht der Knechte sei er seinen Brüdern!«[22]

Dies ist eine der klassischen Bibelstellen, durch welche die exoterische Theologie in Verlegenheit gebracht wird. In der Zeit meiner Pubertät wurde sie zur Illustration zweier »Untugenden« herangezogen: Trunkenheit und Masturbation. Esoterisch gesehen aber ist diese Deutung zu moralisch und simpel. Auch hier geht es nämlich um das Thema der Verwandlung: Die Früchte des Feldes werden in etwas umgewandelt, das an der Entwicklung der Menschheit arbeitet. Das Neue ist jedoch, dass der Mensch in einen Rauschzustand gerät und seine Nacktheit zeigt.

In den alten Mysterien wurde – wie es in dem Buch von Ron Dunselmann *An Stelle des Ich* über die Wirkung der Rauschdrogen beschrieben ist[23] – Alkohol dazu verwendet, um den Menschen zu seinem Ich zu führen, das noch nicht ganz auf die Erde kommen konnte und in den Himmeln zurückblieb. Um diese Himmel zu erreichen, wurde der Einweihungsschüler in einen Rausch versetzt. Nach dem Rausch erlebte er in seiner Seele etwas von der Ichkraft. Das ist aus dem Bild ablesbar: Zum ersten Mal nämlich vollbringt ein Mensch – denn als einen solchen müssen wir Noah sehen, sei es auch ein von den Göttern inspirierter – eine wirkliche Ich-Tat: Er verflucht Ham und dessen Nachkommen. Was zuvor den Göttern vorbehalten war, nämlich das Los eines Menschen oder eines Volkes zu bestimmen, wird jetzt zum ersten Mal von einem Menschen getan. Denn das ist die eigentliche, esoterische Bedeutung des Fluches, wie wir ihr auch schon bei Kain begegneten. Dem Karma wird eine bestimmte Richtung gegeben.

Wie Kain übernimmt Noah eine wesentliche Verantwortung von den Göttern, nämlich die für das Schicksal der Menschheit. Das Karma bekommt einen individuellen Charakter und wird in die Hände der Menschen selber gelegt. Zugleich jedoch betritt der Mensch einen Bereich, der bis heute zu den problematischsten gehört, den Bereich der Sexualität. Der Zusammenhang zwischen dem persönlichen Karma und der Sexualität scheint zunächst schwer verständlich, ist es esoterisch gesehen jedoch nicht. Denn es gibt keinen anderen Bereich, in dem zwei entgegengesetzte Möglichkeiten derartig verwirrend miteinander verstrickt sind: die Möglichkeit, sein eigenes Ich (und das des andern) zu finden und die Möglichkeit, es zu verlieren. In dieser Hinsicht sind Erotik und Sexualität ein Übungsfeld, sich selbst und den anderen zu entdecken. Darum spielen sich in diesem Bereich auch so viele heimliche Tragödien ab, die größtenteils noch in der Tabusphäre liegen.

Von den drei Söhnen Noahs wird Ham also der »Böse«. Hier wiederholt sich auf einem anderen Niveau die Geschichte von

Kain und Abel, was nicht nur aus den Ereignissen selbst abzuleiten ist, sondern auch aus den Namen der Brüder. Sem bedeutet einfach »Name«, was auf den allgemeinen Begriff »Mensch« verweist. Sem ist das Bild des »neuen Adam«, des Menschen, der sich nach dem Untergang von Atlantis auf den Weg macht, um ein selbständiges Wesen zu werden. Emil Bock zufolge muss Sem als Nachfolger Noahs angesehen werden, als der Träger seines inneren Wesens also. Noah überträgt seine Mission – und damit sich selbst – Sem, der später auch als Hüter des Adambuches bezeichnet wird. Sem ist es auch, der Adams Leichnam nach der Sintflut in die »Schatzhöhle« bringt, ausdrücklich mit Unterstützung des Erzengels Michael. Im jüdischen Talmud wird Sem »der große Lehrer« genannt, ebenso wie Melchisedek.

In Japhet, was »der Schöne« bedeutet, wirkt Abels Strom weiter. Von ihm heißt es, dass er in der Schule seines Bruders Sem lernte; er wollte in Harmonie mit den göttlichen Hierarchien leben.

Der Name Ham ist vielsagend: »der Dunkle«. Er folgt der Spur Kains über die dunkle Erde, um Erfahrungen machen zu können und Erkenntnisse *von unten her* zu bekommen. Zu Beginn der nachatlantischen Epoche sehen wir also wieder jene Dreiheit: die »heile« Menschheit (Adam, Sem), die sich nach zwei Richtungen teilt, zum himmlischen Licht hin (Abel, Japhet) und zur irdischen Dunkelheit (Kain, Ham).

Hinter den Gestalten von Seth, Henoch, Noah, Sem und Melchisedek verbirgt sich, Emil Bock und Rudolf Steiner zufolge, der Größte aller menschlichen Eingeweihten, der in der esoterischen Literatur auch Manu genannt wird. Von Manu heißt es, wie bereits geschildert, er sei der Führer der zentralen Sonnenmysterien im alten Atlantis gewesen. Damit wird er als ein Mensch angesehen, der in seiner Entwicklung den anderen Menschen so weit voraus war, dass er die Götter durch sich hindurch sprechen lassen konnte. Von solchen hohen Eingeweihten wird in der Bibel gesagt, »sie wandelten mit Gott«.

Nach dem Untergang von Atlantis, so wird uns in esoterischen Texten berichtet, zieht Manu mit seinen bedeutendsten Schülern über Irland nach dem fernen Osten, wo er Mysterien und

Kulturen begründet. Dabei arbeitet er mit den Kräften der Sonne, die, wie wir gesehen haben, mit der Verwandlungskraft des Leidens zusammenhängen. Sein Altar ist der Leichnam Adams; Brot und Wein sind seine wichtigsten Attribute. All sein Tun in dieser nachatlantischen Zeit ist auf das Ziel gerichtet, die Seele des Menschen durch das Reich der Sterblichkeit zu begleiten.

Ein schönes Beispiel für die Wirksamkeit des Manu finden wir im Gilgamesch-Epos, das übrigens zeitlich früher als die Genesis aufgezeichnet ist und sehr viel ausführlicher von der Sintflut berichtet. In diesem Epos wird Manu nicht Noah, sondern Utnapischtim genannt. In diesem Epos wird erzählt, dass die Bewohner von Uruk unter der Gewaltherrschaft von Gilgamesch zu leiden hatten. In Uruk gab es eine Mysterienstätte, die der Mondgöttin Ischtar geweiht war. Die geplagten Bürger bitten Ischtar um Hilfe, die daraufhin die Götter bittet, einen »Tiermenschen« zu schicken, der stark genug ist, Gilgamesch Widerstand zu leisten. So geschieht es, aber nach einem harten Kampf zeigt sich, dass Gilgamesch und der »Tiermensch« Enkidu genau gleich stark sind und es daher keinen Sieger gibt. Die beiden schließen Freundschaft miteinander.

Als dieser Enkidu bald darauf stirbt, wird Gilgamesch – wie vor ihm Eva – von unerträglichem Schmerz übermannt. In ergreifenden Worten wird erzählt, wie Gilgamesch das Leiden kennenlernt. Er sieht den Leichnam Enkidus vor sich, wie er von den Würmern und Maden zerfressen wird und kann einfach nicht begreifen, dass Enkidu nicht mehr da ist. Er wird also mit den Folgen der Sterblichkeit konfrontiert: Der Körper wird den vernichtenden Kräften der Erde ausgesetzt, und die Seele verschwindet. Gilgamesch unternimmt eine lange Reise, um Utnapischtim zu finden, von dem es heißt, er kenne die Geheimnisse der Unsterblichkeit. Von ihm will Gilgamesch erfahren, wie er den Tod des Enkidu verstehen soll. Utnapischtim befiehlt Gilgamesch, sieben Tage lang wach zu bleiben, jeden Tag gibt er ihm ein Brot. Aber jede Nacht schläft Gilgamesch ein, unberührt sammeln sich die Brote an.

Rudolf Steiner zufolge ist dies eine imaginative Beschreibung einer nur »halb gelungenen« Einweihung durch Manu/Utnapischtim. Bestimmte feststehende Elemente springen sofort ins Auge: Beim Betrachten des Leichnams wird von Schmerz gesprochen; es wird an das Bewusstsein appelliert, damit der Schmerz ertragen und verstanden werden kann; und wir sehen das Attribut des Brotes, das als Nahrung für das Leiden bestimmt ist, jedoch nicht verspeist werden kann.

Schließlich gelingt es Gilgamesch, ein Kraut zu erwerben, das »Unsterblichkeitskraut«, mit dessen Hilfe er mit seinem Schmerz weiterleben und seine Aufgabe als – inzwischen geläuterter – Herrscher von Uruk wieder wahrnehmen kann. Interessant ist übrigens, dass im Gilgameschepos ein Zusammenhang hergestellt wird zwischen der Entartung der Mysterien und dem Entstehen einer Diktatur auf der einen Seite und dem Läuterungsprozess durch Leiden und der Errichtung einer ersten Demokratie auf der anderen. Schon in diesem alten Text taucht das wichtige Thema der *Bildung sozialer Gemeinschaften* auf, das im Zusammenhang mit Manu nicht übersehen werden darf.

Weiterhin wird von Manu berichtet, er sei der Lehrer der sieben heiligen Meister, der Rishis, die den alten Sanskritgeschichten zufolge an der Wiege der altindischen Kultur stehen. Auch ist er der Inspirator großer Lehrer wie Zarathustra, der die persische Kultur gründete, und Hermes, der den Beginn der ägyptischen Kultur initiierte. Die Entwicklung dieser Kulturen erfolgte im Anschluss an die Reise, die Manu mit seinen Schülern nach dem Untergang von Atlantis in östlicher Richtung unternahm; in umgekehrter Richtung, diesmal von Osten nach Westen, vollzieht sich die Gründung der aufeinanderfolgenden neuen Hochkulturen. Das Ziel dieser Kulturen beschreibt Rudolf Steiner beispielsweise in seinem Buch *Die Geheimwissenschaft im Umriss*: Durch sie wird die »Geburt« der menschlichen Seele in ihren einzelnen Gliedern ermöglicht – die »Empfindungsseele« in der ägyptisch-chaldäischen Zeit, die »Verstandes- und Gemütsseele« in der griechisch-römischen Zeit und die »Bewusstseinsseele« in der Neuzeit.

Schon während der atlantischen Epoche hatten die Mysterien jeweils ihre spezifischen, spezialisierten Formen angenommen; wie bereits ausgeführt, waren einige Mysterien der Sonne, andere dem Mond, dem Mars, der Venus usw. geweiht. Dieser Prozess setzt sich in der nachatlantischen Phase fort, was im Laufe der Zeiten zu einer bunten Vielfalt verschiedener Gebräuche und Riten führt.

So haben jede Zeit und jeder Ort ihre eigenen Mysterien. Einige Mysterien, wie die persischen, sind mehr auf die Außenwelt orientiert; in der Anthroposophie heißt es von ihnen, sie folgten dem »Weg nach außen«. In diesen Mysterien geht es darum, ein Verhältnis zwischen der physischen und der geistigen Welt zu finden. Die Prozesse die sich dort während der Einweihung vollziehen, unterschieden sich stark von den Prozessen, die sich beispielsweise in den ägyptischen Mysterien abspielen, die mehr den »Weg nach innen« ausbilden und praktizieren.

In der griechischen Zeit wird versucht, die beiden Wege miteinander zu verbinden, was darin zum Ausdruck kommt, dass in den verschiedenen Mysterien jeweils einer der beiden beschritten wird. So richten die Mysterien von Ephesos sich auf das Verhältnis des Menschen zu den Schöpferkräften in der Natur, während es in den Mysterien von Samothrake mehr darum geht, in Verbindung mit sehr hohen Göttern, den sogenannten Kabiren, zu kommen. In den Dionysosmysterien hingegen geht es um den Bereich der Unterwelt.

Ein weiterer wichtiger Unterschied liegt darin, dass in den einzelnen Mysterien mit anderen Seelenkräften gearbeitet wird. So kann man im Allgemeinen sagen, dass in den griechischen Mysterien eine starke Orientierung auf das Vorstellungsleben, auf die *Erkenntnis,* vorhanden war, was beispielsweise daran deutlich wird, dass diese Kultur die Philosophie hervorgebracht hat. Plato zufolge, der in seinen Werken oft Imaginationen beschreibt, die in Riten verwendet wurden, ist die Philosophie ein »Kind der Mysterien«; sie ist in den Tempeln geboren und erzogen worden, damit sie so erwachsen wird, dass sie auch unabhängig von den Mysterien selbständig durchs Leben gehen kann.

In den nordischen Mysterien ging es nicht so sehr um Erkenntnis, sondern mehr um den Umgang mit dem Willen. In diesen Mysterien steht, wie geschildert, die Umwandlung von Wut in Zorn an zentraler Stelle. So kann man von den Wikingern nicht behaupten, sie hätten eine großartige Wissenschaft und eine großartige Philosophie zustandegebracht; ihre Wirkung auf die Gesamtheit der menschlichen Entwicklung hatte einen völlig anderen Charakter und kann als die Entwicklung der Qualität des Mutes und der Tatkraft beschrieben werden.

So ist es den auch nicht verwunderlich, dass die Unterschiede allmählich so groß wurden, dass die Vertreter der verschiedenen Strömungen einander nicht mehr verstanden und sich sogar gegenseitig bekämpften. In der römischen Epoche, aber auch, wie wir sahen, in der ägyptischen Zeit, bekamen die Spannungen zwischen den Mysterien auch einen politischen Charakter. So waren die Anhänger der sogenannten Mithrasmysterien, die noch sehr lange eine spirituelle Bedeutung hatten, oft einfache Menschen (Soldaten, Kaufleute), während die Tempel des Jupiter von Menschen höheren Standes aufgesucht wurden. Kurz, die Unterschiede drückten sich allmählich immer mehr auch im sozialen Leben aus.

Es ist interessant, dass bis heute der Charakter einer Stadt oder einer Gegend von den Mysterien bestimmt wird, die einst dort aktiv waren. Städte wie Amsterdam und Kiel sind Gründungen der Wikinger; die Olafkapelle im Herzen Amsterdams ist dafür ein stiller Zeuge. Der Stil des sozialen Umgangs ist in beiden Städten noch immer von der »Streitkultur« beeinflusst, die so bestimmend für die nordischen Mysterien war.

Im Mittelpunkt der Sonnenmysterien stand, wie wir aus der Bibel und anderen Schriften erfahren haben, also die Beschäftigung mit der Sterblichkeit und dem Leiden, das daraus erwächst. In dieser Hinsicht müssen diese Mysterien als »allgemeinmenschliche« bezeichnet werden: *jeder* ist angesprochen. Zugleich jedoch – und darin liegt ein Paradox – sind sie die verborgensten aller Mysterien.

Zwei göttliche Wesen werden von alters her mit der Sonne in Zusammenhang gebracht, der Erzengel Michael und der noch höhere Gott, der Christus genannt wird. In den alten Sonnenmysterien wurde, lange vor der Zeit, da der Christus auf die Erde kam, sein Kommen vorhergesagt; dabei handelt es sich um einen Gott, der in jedem Zeitalter einen anderen Namen trägt, wie Krischna, Ahura Mazdao und Osiris; es entsteht das Bild eines Gottes, der sich stufenweise der Erde nähert, der gleichsam auf der Leiter des Regenbogens herabsteigt. In den alten Mysterien konnten die Eingeweihten mit ihren höheren Wesensgliedern, ihrem Ich, ihrem Astralleib und in der letzten Phase vor der physischen Ankunft des Christus auch mit ihrem Ätherleib etwas von der strahlenden Größe dieser näherkommenden Gottheit erfahren.

Mal für Mal stirbt der Christus, wenn er die Grenze von der einen zur anderen Sphäre überschreitet, wie es in dem Mythos von Isis und Osiris so wunderbar erzählt wird: Isis, die Geliebte des Osiris, kann diesen zu einem bestimmten Zeitpunkt nicht mehr »finden« und erfährt dann, dass er gestorben sei. Sie selbst bleibt noch in der Astralwelt, auch Seelenwelt genannt, während Christus-Osiris die Grenze zur nächsten Welt, der Ätherwelt, auf seinem Weg zur Erde überschritten hat. Auch hier finden wir dasselbe Grundbild wieder: Isis, die Weltseele, die über den Tod ihres Geliebten trauert und dann auf die Suche nach seinem Körper geht. Dem Mythos zufolge ist der Körper in vierzehn Stücke zerfallen und über die Erde verstreut (eines der Stücke soll sich übrigens in einem Baum befinden, der als Stützpfeiler eines der erwähnten Ischtarmysterien dient).

Erst als Christus die Erde erreicht hat, können die Menschen ihn auch physisch wahrnehmen; davon zeugen die Evangelien und die vielen apokryphen Schriften. In den Legenden von der »Schatzhöhle« schildert Ephraim Syrus, wie Christus die Menschen wieder auf das Urmysterium hinweist, auf den Tod Adams. Denn auf demselben Platz, an dem Adam begraben wurde, an dem Melchisedek sein hohes Amt ausübte und wo Abraham das Geheimnis von Brot und Wein kennenlernte, wird das Kreuz errichtet. An diesem Kreuz vollbringt Christus als ein Gott das, was nach ihm die Menschen als Ich-Träger selber erfahren können: Er geht durch das Leiden der Sterblichkeit hindurch und macht dadurch, nachdem er in der Unterwelt gewesen ist, die Auferstehung möglich. Dazu lässt er das Wasser und das Blut aus seinem Körper in die Erde fließen oder, wie es in den Legenden von der »Schatzhöhle« heißt, über den Schädel Adams, der dadurch »auferweckt« wird. Diesen auferweckten Körper Adams kann man als den »Auferstehungsleib« ansehen, in den der Christus sich hüllt, als er sich nach dem Gang in die Unterwelt seinen Jüngern zeigt.

In den Evangelien findet man auf vielerlei Weise die karmischen Verhältnisse wieder, die in der Genesis beschrieben werden. Um sie zu finden, muss jedoch das Bild als solches angeschaut werden, die Imaginationsseite der Szenen, nicht die begriffliche Oberfläche. So lebt die Erlebnissphäre von Kain und Ham in derjenigen der drei Weisen aus dem Morgenland weiter (die Gold, Weihrauch und Myrrhe bringen) und später in derjenigen des Judas, der ja eine verhängnisvolle, aber notwendige Rolle spielt. Die Realität von Abel und Japhet findet sich in den Hirten des Lukasevangeliums wieder. Finden die drei Weisen das Jesuskind durch selbständiges Nachdenken und Forschen über das, was die Tradition sie lehrt, so wird den Hirten diese Erkenntnis in einer überwältigenden Vision zum Geschenk gemacht. Weiter spielen die Frauen eine wichtige Rolle im Leben und Sterben von Jesus und von Christus. Im Mittelpunkt steht hier natürlich die Gestalt der Maria, die über dem Leichnam des Christus in Trauer ausbricht; da sehen wir die Verbindung zu Eva und Isis. Doch scheint mir ein wichtiger Unterschied vorhanden zu sein: Da, wo Eva von Schmerz überwältigt wird und die Hilfe Melchisedeks braucht, trägt Maria den Schmerz bewusst bis zum Ende, als eine Seele, die aus eigener Kraft dem Leiden ihres Sohnes begegnen kann. Bis zum Ende bleibt sie mit dem Jünger Johannes unter dem Kreuz stehen und nimmt nach der Kreuzabnahme den Leichnam in ihren Schoß.

Dieser große Augenblick ist wohl nie ergreifender dargestellt worden als von Michelangelo. Seine Pietá, die in Rom steht, zeigt das Doppelantlitz des bewussten Leidens der Seele: auf der einen Seite die zerbrechliche Verletzbarkeit der zarten Mutter und zugleich die Kraft, mit der sie den – physisch gesehen – viel zu großen und schweren Körper des Christus im Schoß hält. In der unermesslichen Verletzbarkeit der Maria verbirgt sich eine große Kraft, die von Michelangelo verstanden und dargestellt worden ist. Es ist, als wolle er auf die »weibliche« Zukunft des esoterischen Christentums hinweisen, das aus den Kräften des Leidens wirkt und dessen erste Vertreterin Maria ist.

Das Mysterium von Golgatha bildet also den entscheidenden Übergang von den alten zu den neuen Mysterien. Hier wurde der Bann der Sterblichkeit durchbrochen und der Leib Adams auferweckt; und hier stand in der Gestalt der Maria die Seele der Menschheit selbst unter dem Kreuz und ertrug alles mit bis ans Ende. Es war die göttliche Tat und deren Beantwortung durch die menschliche Seele.

Doch der Prozess der Einrichtung neuer Mysterien war noch nicht an ein Ende gekommen. Um zu verstehen, was Rudolf Steiner 1923 mit der Erneuerung der Mysterien meinte, so wie sie seiner

Meinung nach durch die Gründung der Freien Hochschule für Geisteswissenschaften angestrebt werden sollte, müssen noch einige weitere Tatsachen betrachtet werden.

Wenn es überhaupt einen Platz auf der Welt gibt, an dem der Übergang der alten zu den neuen Mysterien noch gespürt werden kann, so ist es Ephesus in der heutigen Türkei. Dreißig Kilometer südlich von Izmir leuchten die Ruinen von Ephesus, einer Hafenstadt aus dem griechischen Altertum, wo einst eine der ersten christlichen Gemeinden gegründet worden war. Und gleich außerhalb der Stadt liegt die Ruine des Artemis-Tempels, in dem unter anderem Alexander der Große eine Einweihung erlebte. Wenn man sich der Ruine von einem kleinen Hügel aus nähert und die Umrisse des Tempels in dem flachen Tal liegen sieht, ist man betroffen vom Anblick der einen prächtigen Säule, die noch aufrecht steht und auf der Störche ihr Nest gebaut haben. Auch diese Ruine leuchtet, als wollte sie sagen: Wohl mag ich nicht mehr als eine Erinnerung sein an das, was einmal hier war, aber diese Erinnerung muss dir genügen. – Dass es das Schicksal zustande gebracht hat, die Größe des Tempels aufrecht zu erhalten mit einer einzigen Säule, auf der außerdem noch ein Storch brütet, darf ein Rätsel genannt werden.

In dieser Mysterienstätte wurde die Sprache in ihrem schöpferischen Element gepflegt, als eine Fähigkeit des Menschen und damit als Wiederholung des großen schöpferischen Geschehens im Kleinen. Durch die Sprache wurden die Einzuweihenden in Kontakt mit Artemis, der Göttin der Natur gebracht. – Im Museum unweit der Ruine stehen zwei Bildnisse der Artemis: eine schlanke Frau mit unzähligen Brüsten. (Nach neuesten Deutungen sollen es nicht Brüste, sondern Hoden von Stieren sein, die um den Hals der Göttin gehängt wurden, also ebenfalls Zeichen der Fruchtbarkeit.) Rudolf Steiner berichtet in einem Vortrag, dass in den Mysterien von Ephesus die Einzuweihenden durch das Mittel der Sprache ein so sensibles Verhältnis zu den Schöpferkräften der Natur bekommen sollten, dass sie beim Anschauen einer Pflanze intuitiv deren medizinisch-therapeutische Wirkung erfassten. Und aus der Geschichte von Ephesus ist ersichtlich, dass die Medizin dort immer eine große Rolle gespielt hat.

Einen Steinwurf vom Tempel der Artemis entfernt liegt das Grab von Johannes, des Verfassers des vierten Evangeliums und der Apokalypse. Er war wie kein anderer ein Vertreter der Mysterien des Wortes, des Logos. Er lässt sein Evangelium mit den Worten beginnen: »Im Uranfange war das Wort, und das Wort war bei Gott, und ein Gott war das Wort, dieses war im Uranfang bei Gott. Alles ist durch dasselbe geworden, und außer durch dieses ist auch nicht Eines von dem Entstandenen geworden. In ihm war das Leben, und das Leben war das Licht der Menschen; und das Licht scheint in die Finsternis, und die Finsternis nahm es nicht auf.«

Mit diesen Worten hat es eine besondere Bewandtnis. Zunächst einmal enthalten sie kaum Bilder oder Imaginationen; sie schaffen keine deutlichen Vorstellungen im Gedächtnis und wirken abstrakt. Außerdem sind sie vom Begrifflichen her schwer verständlich, denn: Was ist mit »Wort« (Logos), mit »Licht« und »Finsternis« gemeint? Und was stellt man sich bei einer Finsternis vor, die nichts aufnehmen oder, wie es in anderen Übersetzungen heißt, nichts »begreifen« kann? Zugleich aber – die vergangenen nun bald zweitausend Jahre haben es bewiesen – sind sie wie Balsam für die Seele, immer wieder. Ich kenne wenige Texte, die auch bei häufigem Gebrauch so wenig verblassen oder langweilen. Sie singen und singen weiter und erheben das Herz, immer wieder neu.

Was diese Zeilen in der Seele zustande bringen, ist das, was Rudolf Steiner »Inspiration« nennt. Das imaginative Bewusstsein bezieht sich sozusagen auf die Außenseite der geistigen Wirklichkeiten: Das Bild eines Engels beispielsweise verrät zwar etwas von dem Wesen des Engels, ist aber doch nicht mehr als das »Gewand« des Engels, dessen geistige »Außenseite«. Beim inspirierten Bewusstsein verschwindet dieses Bild; die Begegnung mit dem Engel ist unmittelbarer, wesenhafter. Hier übermitteln *Gefühle* die *Innenwelt* – beispielsweise eines Engels.

Ich meine, dass das Wesen des inspirativen Bewusstseins unmittelbar mit dem zusammenhängt, was oben über Schmerz und Leiden gesagt worden ist. Beim Übergang vom imaginativen zum inspirativen Bewusstsein geschieht im Kleinen, was im Großen bei Maria geschah, als sie den Leichnam Christi anschaute. In der imaginativen Vorstellung handelt es noch um ein körperliches Bild, eine »irdische« Vorstellung, die zwar auf etwas Übersinnliches hinweist, aber nicht mit diesem identisch ist. Man sieht das Bild und weiß: Das Wesen hat sich nicht wirklich hineingesenkt. Um einen Schritt näher an das Wesen heranzukommen, muss man vom Bild Abstand nehmen, man muss gleichsam *beim Leib des Christus sein, ohne ihn anzusehen*. Und genau das ist es, was Maria in der Darstellung etwa eines Michelangelo tut: Sie schaut nicht auf den Körper, sondern sie *lauscht* auf ihn. Dieses Lauschen ist erst dann möglich, wenn der Kummer über den Verlust des irdischen Bildes zu einer Kraft geworden ist, die uns nicht niederdrückt sondern vielmehr erhebt.

In diesem Sinne sind die Worte des Johannes wahrhaft ein Ergebnis des Wirkens, das er in der Gemeinsamkeit mit Maria fand, nachdem Christus gesagt hatte: »Frau, siehe dein Sohn, Sohn, siehe deine Mutter«. Zwei verschiedene Wirkungssphären wurden in diesem Augenblick miteinander verbunden, die der Weisheit und die des Leidens; und beide fließen ineinander in Form des inspirativen Bewusstseins. Und seither tragen Weisheit und Leiden einander in den Gestalten von Johannes und Maria.

Dieses Zusammenwirken ist nicht nur bildlich aufzufassen, sondern als reales Schicksal. In weniger als einer Reisestunde von Ephesus entfernt befindet sich der Ort, an dem Maria ihre letzten Lebensjahre verbracht hat. An diesem Ort steht eine kleine Kapelle mit einem Raum, von dem es heißt, Maria hätte darin gewohnt. Diese Kapelle ist von üppig sprießender Natur umgeben. Vor allem im Frühling treibt es aus Bäumen und Sträuchern hervor wie in einem farbigen Gesang aus Blüten und Düften. Scharen von Menschen besuchen jedes Jahr diesen Ort, um etwas von dem Geheimnis, das um Maria webt, zu erfahren.

ZWEITES KAPITEL

Vor dem Angesicht Titurels

Oft haben sich Literaturwissenschaftler gefragt, wie es möglich war, dass sich in der relativ kurzen Zeit zwischen 1180 und 1230 plötzlich eine Flut von Gralsgeschichten über die europäischen Länder ergoss. Nach der Übersicht eines 1995 erschienenen Buches[24] über den aktuellen Stand der wissenschaftlichen Untersuchungen zur Gralsliteratur können wir davon ausgehen, dass beispielsweise die Geschichte von Parzival in jener Zeit zu den bekanntesten gehörte. Die Gralslegenden standen nicht am Rande der damaligen Literatur, sondern waren allgemein bekannt.

Woher kam diese Flut? Nach Ludwig Emil Iselin, einem Literaturwissenschaftler, der 1909 ein interessantes Buch unter dem Titel *Der morgenländische Ursprung der Grallegende*[25] publizierte, hing dies mit den Reisen in den Osten zusammen. Die Kaufleute und Kreuzfahrer des Mittelalters stießen im Orient auf wunderliche Geschichten von magischen Steinen, von Schatzhöhlen und dem Vogel Phönix. Iselin meinte, die religiösen Vorstellungen des Mittelalters seien durch diese Geschichten genährt worden. Daran anknüpfend wären Verbindungen zu Erzähltraditionen gelegt worden, die hier im Westen lebten, und nach einer kurzen Zeit phantasiereicher Alchemie seien die Geschichten vom Gral entstanden.

Für Iselin lag der Ursprung der Legende also im Osten. Andere Autoren sind dagegen der Meinung, man müsse nach dem Westen blicken, nach England, wo die Geschichten vom Zauberer Merlin und von König Artus in Blüte standen. Diesen Forschern zufolge hat man von einem keltischen Ursprung auszugehen. Spätere Autoren wieder kamen zu dem Schluss, dass beide Ansichten richtig seien und die Gralsliteratur das Resultat einer Verbindung von Motiven aus Osten und Westen sei.

Die exoterische Wissenschaft sucht immer nach äußeren Ursachen; daher gründen die Theorien beider Gruppen von Wissenschaftlern auf der Annahme einer *äußeren* Übertragung. Nähert man sich der Geschichte jedoch auf esoterischem Wege, muss man die Möglichkeit einbeziehen, dass neue spirituelle Impulse ihren Ursprung in der geistigen Welt haben. Nach dieser Sichtweise entsteht Neues in der Welt nicht dadurch, dass an längst Bestehendes angeknüpft wird, sondern dadurch, dass »Eingeweihte« etwas aus der geistigen Welt auf die Erde bringen. Oft wird dieses Neue zunächst im Verborgenen entwickelt und gepflegt und erst danach Schritt für Schritt in die Kultur hineingebracht. Wie wir sahen, geschah dies in den Mysterienstätten.

Tatsächlich wird dieser Vorgang auch in mehreren ursprünglichen Überlieferungen beschrieben. Es wird von einem »Gral« gesprochen, der von Engeln im Himmel bewahrt wird. Wie schon erwähnt, wurde dieser Gral mit dem Stein in Verbindung gebracht, der aus Luzifers Krone fiel, als er von Michael aus der geistigen Welt gestoßen wurde, aber auch mit der Schale des letzten Abendmahles, in der später das Blut des gestorbenen Christus aufgefangen wurde.

Diesen Gral übergeben Engel zu einem bestimmten Zeitpunkt einem hohen Eingeweihten, der auf dem Wege zur Erde ist. Dieser Eingeweihte baut später eine Burg, die Gralsburg, die so eingerichtet ist, dass der himmlische Gral darin wohnen kann. Aus den Beschreibungen Wolfram von Eschenbachs kann man ableiten, dass es sich um einen Ort handelt, der sichtbar und doch zugleich unsichtbar ist. Allein Menschen, die die entsprechende geistige Reife haben, können die Burg wahrnehmen. Vermutlich handelt es sich um einen ätherischen Tempel, der unmittelbar an die physische Welt angrenzt und nur imaginativ wahrgenommen werden kann. (In einer ganzen Reihe exoterischer – darunter auch Iselin – und esoterischer Betrachtungen wird übrigens ein direkter Zusammenhang zwischen der Gralsburg und der Arche Noah hergestellt. Erstere wird darin als eine Metamorphose der zweiten angesehen.)

Um den Eingeweihten, der dies alles vollbringt, liegt in den Legenden der wunderbare Glanz eines Geheimnisses. Von Eschenbach nennt ihn »den allerschönsten alten Mann«, den Parzival jemals gesehen hatte.[26] Er liegt in einem Seitengemach des großen Saales der Gralsburg auf einem Bett, und nur ganz kurz, als eine Tür geöffnet wird, fängt Parzival einen Schimmer von ihm auf. Der Name dieses Gralshüters lautet Titurel.

Ich habe mich lange gefragt, wer dieser Titurel war. Eine erste Spur fand ich in dem bereits genannten Buch von Iselin, der meint, kein geringerer als Melchisedek, der Priesterkönig, der am Altar der Schatzhöhle zelebrierte, habe als Vorbild für die Gralshüter gedient, zu denen übrigens nach der Meinung von Iselin auch Joseph von Arimathia gerechnet werden muss. Dieser war es ja, der das Blut des gestorbenen Christus in der Abendmahlsschale aufgefangen hatte. Iselin führt an, sowohl von Melchisedek als auch von den Hütern des Grals hieße es, sie lebten nicht von irdischer Nahrung, sondern von den geistigen Kräften in Wein und Brot.

Aber auch in esoterischen Darstellungen wird eine Beziehung zwischen Melchisedek – also Manu – und Titurel hergestellt. Sehr klar ist dies in dem wunderbaren Buch Rudolf Meyers *Zum Raum wird hier die Zeit* zu finden. In einem Anhang (»Hinweise auf das Werk Rudolf Steiners«) fasst er es so zusammen: »Gralshüter waren immer diejenigen, die das *Sonnenmysterium* in diesem Opfergeschehen von Golgatha anzuschauen vermochten: denen die *Glorie* aufging, die sich in das Erdendunkel ergossen hat und die als Leuchtekeim unter den Gestalten von Brot und Wein erfühlt werden will, für die geöffneten Augen aber als Gral erstrahlen kann. Titurel erscheint wie ein Abglanz jenes hohen Sonneneingeweihten. Manche Züge, mit denen die Sage diesen geistigen Heros ausgestattet hat, erinnern an die Melchisedek-Gestalt: auch er ist ja ein Priesterkönig. Wie aus einem unnahbaren Bezirk heraus wirkt er: Er hütet das Heilige, sendet seine Ritter aus und wartet auf die, welche zum Geiste vorzustoßen die Kraft finden, auf die wahren ›Percevale‹.«[27] Und dann, völlig überraschend und ohne nähere Erklärung, schließt Meyer mit der Bemerkung, dass Titurel der wahren Percevale bedürfe.

Rudolf Meyer ist sich der tiefen Bedeutung seiner Worte voll bewusst. Zugleich aber überlässt er es dem Leser, die Bedeutung dessen zu ergründen, was beispielsweise aus dem allerletzten Satz des Buches hervorgeht, der als goldener Schlüssel unerwartet in die Hand des Lesers gelegt wird und mit dem rückwirkend eine ganze Anzahl von Türen geöffnet werden kann, die bis dahin für den Leser verschlossen blieben: »Hinter dem Geisteswirken Rudolf Steiners leuchtet so die Gestalt eines allerhöchsten Gralshüters auf: des Melchisedek.«[28]

Auch um Rudolf Steiners Verhältnis zum Gral schwebt dieser Schleier des Geheimnisses. Im einleitenden Kapitel dieses Buches wies ich bereits darauf hin, dass er uns in seiner »Geheimwissenschaft« ebenso unerwartet denselben goldenen Schlüssel reicht, wenn er schreibt, dass die Anthroposophie als »Wissenschaft vom Gral« bezeichnet werden kann.

Aber es steht noch mehr dahinter. Wenn man einmal auf die Suche nach Äußerungen Steiners über den Gral geht, entdeckt man sehr schnell drei Dinge: erstens, dass er häufig Ansätze dazu macht, über den Gral zu sprechen – vor allem, wie Rudolf Meyer betont, gegen Ende seines Lebens –, beinahe ebenso häufig aber *nicht* dazu kommt; zweitens, dass er die Gralsbewegung als einen Impuls betrachtet, der umfassender als die Anthroposophie ist und direkt mit dem zusammenhängt, was er als Manichäismus bezeichnet; und drittens, dass es ihm persönlich Mühe bereitet habe, den Gral zu »finden«. Dieses letzte ist beispielsweise aus den beiden bereits erwähnten Vorträgen ersichtlich, die er am 1. und 2. Januar 1914 in Leipzig gehalten hat.[29] Diese beiden Vorträge sind in ihrer Form einzigartig in Rudolf Steiners Werk, weil sie einen sehr persönlichen Charakter tragen und die Hindernisse beschreiben, mit denen Rudolf Steiner während seiner esoterischen Suche nach dem Gral zu kämpfen hatte.

Zuerst aber muss etwas über einige Vorträge gesagt werden, die Rudolf Steiner 1909 in München hielt. In diesen Vorträgen, von denen es unterschiedliche Mitschriften gibt, weist Rudolf Steiner auf die großen Eingeweihten hin, die unter der Führung von Manu gen Osten ziehen und unterwegs Mysterienstätten gründen. »An verschiedenen Orten Europas«, sagt er, »gab es Mysterienstätten, deren Existenz uns in manchen alten Sagen berichtet wird. Zum Beispiel verbirgt sich hinter der Legende von König Artus und seiner Tafelrunde der Bericht über eine solche Geheimschule.«[30]

Weiterhin stellt Rudolf Steiner dar, dass auch hinter den Legenden vom Gral eine Mysterienschule stand, die er die Schule Titurels nennt. Er beschreibt Titurel als »die Wiederverkörperung des hohen Eingeweihten, der eine bestimmte Periode in der Geschichte vorbereiten sollte«.[31] Auch sagt er über diesen Eingeweihten, er hätte den Auftrag gehabt, »die Wahrheit des Christus-

Ereignisses in seiner ganzen Bedeutung in die Menschheit einfließen zu lassen.«[32] Weiter wird berichtet, wie »Schüler« an diesen Schulen »herangezogen« wurden, die »in einem gewissen Sinne alle Parzival genannt« wurden. Ein solcher Schüler konnte beispielsweise ein Katharer aus dem neunten oder zehnten Jahrhundert sein, der die Stufe der »Reinheit« erreicht hatte, was in der Bewegung der Katharer bedeutete, dass die Seele nach einer langen Phase der Katharsis von allen irdischen Begierden und Emotionen gereinigt war.

Wenn dieser Parzival vor das Angesicht Titurels geführt wurde, erschien vor seinem Geistesauge eine eindrucksvolle Imagination, die ich hier in meinen eigenen Worten wiedergebe:

Vor dem Auge »Parzivals« verschwand die Welt, und statt dessen erschien ein pflanzenartiges Gebilde, ein Baum, der immer größer wurde und den Lebensbaum darstellte. Wenn dieser Baum den ganzen Raum ausgefüllt hatte, erschien daran eine wunderschöne weiße Lilie. Während Parzival nun ganz erfüllt war von dem Bild der Lilie, hörte er die Stimme einer Frau, Blanchefleur (aus der Sage von Flos und Blanchefleur, die nach Aussage Rudolf Steiners durch Titurel inspiriert war), die zu ihm sagte: »Das bist du! «

Von der Lilie ging jedoch ein übler Geruch aus, der abstoßend auf Parzival wirkte. Als er sich fragte, womit dieser Geruch zusammenhinge, hatte er sofort die Antwort vor Augen: Sie stellt alle Eigenschaften dar, die durch die frühere Katharsis und mit Hilfe der Götter aus seiner Seele vertrieben wurden, aber damit noch nicht verschwunden sind. Er machte sich klar, dass diese Eigenschaften noch in der Atmosphäre um die Lilie herum schweben, in Wirklichkeit also noch vorhanden sind. Und dann schaute er die Wirklichkeit seiner eigenen Seele: ein reines Gebiet, jedoch noch von Leidenschaften und Schmerz »umschwebt«.

Nach dieser schockierenden Entdeckung, die alles, was der Schüler zuvor als Katharer gelernt hatte, ins Wanken gebracht haben muss, verschwand nicht nur das Bild der weißen Lilie, sondern auch das des Baumes. Eine Zeitlang herrschte tiefe Finsternis. Dann erschien aus der Finsternis eine zweite Blume, eine rote Rose, die nun nicht am Baum wuchs, sondern an ein schwarzes Kreuz geheftet war. Wieder hörte Parzival eine Stimme, diesmal jedoch die eines Mannes, Flos, die ihm sagte: »Das werde du.«[33]

Parzival sieht das tödliche schwarze Kreuz und die scharfen Dornen, aber er spürt auch, dass der Duft der Rose angenehm ist. Er macht sich bewusst, dass er in gewissem Sinne noch einmal anfangen muss: Alles, was zuvor durch die Hilfe der Götter um die weiße Lilie schwebte, ist wieder in die Rose eingezogen, in das rote Blut, in die Dornen ... Die vorige Katharsis war also nicht ausreichend genug, und er muss sein »niederes Ich« (so bezeichnet es Rudolf Steiner) an das schwarze Kreuz schlagen und Christus in seinem Sterben am Kreuz nachfolgen.

In dieser Imagination, in der manche Elemente wiederkehren, die unmittelbar mit den Sonnenmysterien in Zusammenhang stehen, wird noch einmal ein Übergang, eine Erneuerung, beschrieben. Sie enthüllt, dass Titurel, als Träger des Impulses von Melchisedek, sein hohes Amt einem Schüler überträgt, der sich Parzival nennt. Von diesem Moment an ist es in der Geschichte der Menschheit möglich, die Umformung der Seele selbst zu vollziehen, und zwar bis in die konkrete Wirklichkeit des individuellen Schicksals hinein und auf der Grundlage einer selbständigen Erkenntnis und persönlichen Verantwortung.

Hier wird auch verständlich, was Rudolf Meyer meinte, als er schrieb, Titurel bedürfe der »Percevale«. Titurel wird uns durch Wolfram von Eschenbach als steinalter, aber wunderschöner Mann dargestellt, der kraftlos auf seinem Bett liegt. Er hat das Ende seiner Aufgabe erreicht, sich völlig »hingegeben«. Jetzt ist die Zeit gekommen, dass individuelle Menschen die Aufgabe von Melchisedek-Manu übernehmen, über das Leiden zu wachen, das Folge der erduldeten Sterblichkeit ist und in Reinheit umgewandelt werden muss. Die Menschen müssen dies zur zentralen Aufgabe ihres Lebens machen. Während Manu noch »der göttliche Manu« heißt, können die Percevale »die menschlichen Manus« genannt werden.

Dieser Schritt ist durch jene beiden Kräfte möglich, die ich (siehe das Ende des vorigen Kapitels) in Beziehung zu dem persönlich durchstandenen Leiden von Maria und der persönlich erworbenen Erkenntnis des Johannes gebracht habe. Jetzt kommen sie in den Gestalten von Blanchefleur und Flos zusammen. Durch das Zusammenwirken von Titurel und Parzival kann sich das Mysterium von Golgatha bis in den persönlichen Lebenslauf der Menschen hinein wiederholen. Und jedes Mal, wenn das wirklich geschieht, wird der uralte Titurel von seiner schweren Last erlöst, über den unermesslich großen Schmerz der Menschheit zu wachen, der aus dem Karma der Sterblichkeit erwächst.

Die Beziehung zwischen Titurels Schule und dem neuen Einweihungsweg ist durch niemanden so klar dargestellt worden wie von Walter Johannes Stein in seinem Buch *Weltgeschichte des heiligen Gral. Das neunte Jahrhundert* aus dem Jahre 1928. Stein macht deutlich, dass man Wolframs *Parzival* als eine Offenbarung aus der Schule Titurels betrachten muss, gedacht für die große Öffentlichkeit. In imaginativen Szenen wird der Weg beschrieben, den der Schüler dieser Schule beschreitet.

In der Tradition des Ostens wurden die übersinnlichen Wahrnehmungsorgane der Seele auch »Lotusblumen« genannt. Stein beschreibt, dass es in Titurels Schule um die Entwicklung eines bestimmten Organs, um jene Lotusblume ging, die es möglich macht, die tiefere Bedeutung des eigenen Schicksals zu lesen. Diese Lotosblume, die sechzehn Blätter hat und sich in der Nähe unseres Kehlkopfes befindet, wird imaginativ im Bilde der Stadt Patelamunt aus der ersten Aventiure in Wolframs Buch dargestellt. Von dieser Stadt heißt es, dass sie sechzehn Tore hat, von denen acht durch ein schwarzes und acht durch ein weißes Heer bedroht werden. Außerdem wird von der Stadt Patelamunt (was »am Fuße des Berges« heißt) gesagt, dass sie »am Eingang zur Unterwelt« liege.

In dem Buch *Wie erlangt man Erkenntnisse der höheren Welten* beschreibt Rudolf Steiner, dass diese Lotusblume aktiviert wird, sobald der Schüler das tägliche Leben wie eine Reihe von Ereignissen auffassen kann, die ihm gleichsam »eine persönliche Botschaft« übermitteln wollen. Bei diesem Wahrnehmungsorgan handelt es sich also um die *Wirkung des persönlichen Karmas*. Es soll das Gefühl entstehen: Was von außen her in Gestalt konkreter Ereignisse auf mich zukommt, hat direkt etwas mit demjenigen zu tun, der ich von innen her zu sein spüre. Die äußeren Ereignisse verlieren ihren willkürlichen Charakter; sie werden gleichsam zu »karmischen Signalen«.

Jeder kennt wohl die Erfahrung, dass eine Begegnung oder ein Ereignis ein tieferes Gefühl des Wiedererkennens hervorruft, ohne dass dieses Wiedererkennen logisch nachvollziehbar oder verständlich wäre. Es entsteht in uns ein Gefühl, als hätte man es mit einem bedeutungsvollen Rätsel zu tun, das man entschleiern möchte. Nach einer wichtigen Begegnung mit einem anderen Menschen kann es beispielsweise geschehen, dass man spontan mit dem Betreffenden im *inneren Gespräch* bleibt: in unserer Innenwelt entsteht ein Dialog. In der Regel kümmern wir uns jedoch nicht sehr um diesen inneren Dialog, das heißt, wir betrachten ihn als eine eigenartige subjektive Erscheinung, die mehr mit unserer Phantasie als mit einer realen Erscheinung zu tun hat. Esoterisch gesprochen aber weist diese spontane Aktion unserer Seele – die sehr viel weiser ist als unser Denken – auf die Tatsache hin, dass es sich hier um eine karmische Verbindung mit dem Betreffenden handelt. Die Seele »weiß«, womit diese Verbindung zusammenhängt und kommt damit direkt »ins Gespräch«.

Für die innere Entwicklung ist es folglich auch von größter Wichtigkeit, diese Themen, die sich in solchen spontanen Dialogen zeigen, anzuerkennen und ihnen Raum zu geben. Das aber ist nur dann möglich, wenn die Erkenntnis vorhanden ist, dass es sich bei jeder karmischen Begegnung, bei jedem karmischen Ereignis um zwei Ebenen handelt, eine äußere und eine innere. Im Allgemeinen gibt die innere oft sorgfältiger als die äußere an, wo diese Verbindung liegt; und in der Praxis des täglichen Lebens gehört auch eine etwas unorthodoxer Mut dazu, um von dieser inneren Ebene her zu handeln. Sehr oft halten wir unsere wirklichen Gedanken und Gefühle zurück, und das führt dazu, dass äußerlich gesehen vielleicht eine »nette« Beziehung zu der betreffenden Person entsteht, sich innerlich aber überhaupt nichts ereignet. In Wahrheit werden wir durch unsere Angst vor der »Aventiure«, wie es bei Wolfram heißt, also aus mangelndem Mut von solchen echten »inneren Ereignissen« abgehalten.

Sobald die sechzehnblättrige Lotusblüte ihre Tätigkeit entfaltet, beginnt der neue Einweihungsweg, den Wolfram in der Form der sechzehn »Aventiuren« beschreibt. Der Begriff »Aventiure« spielt in allen Gralsgeschichten eine große Rolle; er leitet sich von dem lateinischen »adventura« her, was soviel wie »Ereignis« oder »Schicksal« bedeutet, oder buchstäblich: »das, was auf uns zukommt«. Von den sechzehn der von Wolfram beschriebenen Aventiuren werden acht noch von den Göttern geschenkt; die übrigen acht entstehen durch den Menschen selber. (Diese letzten acht hängen nach Ansicht Walter Johannes Steins mit dem achtgliedrigen Pfad des Buddha zusammen, über den auch Rudolf Steiner vielfach gesprochen hat.) In jeder der sechzehn Aventiuren wird eine neue Fähigkeit entwickelt.

In der alten Einweihung war es noch so, dass der Schüler von außen her durch einen Hierophanten oder Priester auserwählt wurde. Dies war auch in der Schule des Titurel noch der Fall, was aus der Formulierung Steiners, Titurel habe seine Schüler »herangezogen«, abzuleiten ist. In der neuen Einweihung jedoch wird *das Leben selbst* zum Tempel. Der Prozess wird nicht mehr durch den Priester gesteuert, sondern durch die Ereignisse des Lebens selbst. Um dafür offen zu sein, um die Sprache der Ereignisse in aller Intensität auch wirklich zu erleben, ist zuallererst *Unbefangenheit* nötig. Und das ist genau dasjenige, was Parzival in hohem Maße besitzt: er wird deshalb der »reine Tor« genannt. Unbefangen wandert er in die Welt und fasst jedes Ereignis als eine sinnvolle Botschaft auf, als etwas, auf das man sich aktiv und mutig einlassen kann. Jedes Abenteuer erweckt in ihm neue Fähigkeiten, und alle diese Fähigkeiten machen es möglich, dass er später die richtige Frage an den kranken Amfortas (den leidenden Menschen) stellt und ihn damit von seinen Leiden erlöst.

In allen Gralsgeschichten geht es um die Spannung zwischen Liebe und Kampf, und das ist die Spannung des normalen Lebens. Die Liebe wird durch die Frauen repräsentiert und wurzelt im Leiden. Darauf weisen schon die Namen der Frauen: Herzeloyde, Parzivals Mutter (»das Leiden des Herzens«), und seine Geliebte Kondwiramurs (»die Kunde von der Liebe«). In diesen Gestalten finden wir Eva und Maria wieder, die den Schmerz über die Sterblichkeit ertragen. Dabei ist es auffällig, dass es sich im *Parzival* ausdrücklich nicht nur um ihre symbolische Bedeutung, sondern auch um wirkliche Liebesgeschichten und wirkliche Frauen handelt. Der Dichter scheint sagen zu wollen, dass konkrete menschliche Beziehungen wie Liebe und Freundschaften im Sinne der neuen Mysterien als »Lehrstätten« aufzufassen sind. (Forscht man in Wolfram von Eschenbachs Werk einmal nach, was er über die Bedeutung der Liebe zwischen Mann und Frau sowohl im geistigen wie im physischen

Sinne sagt, trifft man außer auf eine Menge scherzhafter Bemerkungen auch auf außergewöhnlich tiefsinnige Äußerungen. So spricht er von den Organen der »Versöhnung«, indem er auf die menschlichen Geschlechtsorgane hinweist.)

In Titurels Schule wurde also der Übergang von der alten zur neuen Einweihung möglich gemacht. In der neuen Einweihung findet man die Mysterien nicht mehr, wie Joseph Beuys es ausdrückte, in den Tempeln, sondern auf den Bahnhöfen. Die neue Einweihung wird durch die Imagination der Rose auf dem schwarzen Kreuz dargestellt und ist das Ergebnis des Zusammenwirkens von Titurel und Parzival.

Über die Bedeutung Titurels ist bislang schon viel gesagt worden; seine Aufgabe und seine Individualität habe ich in Beziehung zu Manu-Melchisedek gebracht. Wer aber ist nun Parzival? Woher kommt auf einmal dieser »reine Tor«? In seinem Buch *Über die Rettung der Seele* führt Bernard Lievegoed aus, Parzival müsse als jene Individualität betrachtet werden, die als Mani im dritten Jahrhundert n. Chr. gelebt und den nach ihm benannten Manichäismus begründet hatte. Nun, ihm neunten Jahrhundert wurde er wiedergeboren. Lievegoed beruft sich dabei auf eine Äußerung Rudolf Steiners, in der es von Mani heißt, er würde »wiedergeboren als Parzival.«[34] Aus dem, was Lievegoed generell in diesem Buch schreibt, geht hervor, dass ihm selbst viel daran gelegen war, die Bedeutung dieser bedeutenden Figur der Religionsgeschichte zu verstehen und an die Öffentlichkeit zu bringen.

Rudolf Steiner hat nur selten über den Impuls von Mani gesprochen, meiner Meinung nach deshalb, weil dieser Problemkreis in heutiger Zeit noch mit einem Tabu belegt ist. Jedoch machte er deutlich, in welcher Richtung dieser Impuls zu suchen ist. In denselben Jahren, in denen er über die Schule von Titurel sprach, lüftete er ein klein wenig den Schleier, der über dem Impuls des Mani liegt. Am 11. November 1905 sprach Rudolf Steiner in der geschützten Sphäre der Esoterischen Schule darüber und nannte Mani den Begründer einer Geistesströmung, deren Aufgabe es ist, »durch Milde das Böse zu überwinden«.[35] Nach der Aussage Steiners wird das Böse im Manichäismus angesehen als »das Gute im falschen Augenblick«.

Historisch gesehen war der Manichäismus Rudolf Steiner zufolge die erste Entfaltungsphase einer Geistesströmung, die in Zukunft immer stärker ans Tageslicht treten wird. Es ist an dieser Stelle nicht notwendig, die Vorgeschichte des Manichäismus zu beschreiben; interessierte Leser seien auf das genannte Buch *Über die Rettung der Seele* von Bernard Lievegoed verwiesen, in dem die bekannten Inkarnationen von Mani dargestellt werden. Für unsere Betrachtung ist es von Bedeutung, den Impuls im Hinblick darauf zu verstehen, wie er in Zukunft immer mehr in Erscheinung treten wird.

Dafür müssen wir noch einmal zum Mysterium von Golgatha zurückkehren, das das Geheimnis von Tod und Auferstehung in sich trägt. Unmittelbar nach dem Kreuzestod ereignen sich zwei Dinge. Der Leichnam Christi wird vom Kreuz genommen und ins Grab gelegt; sein Blut wird in der Schale bewahrt, die »der Gral« genannt wird. Dann aber steigt Christus selber zur Hölle hinab und betritt die Unterwelt, um dort dem Bösen (den Dämonen) entgegenzutreten. – Während also sein Leichnam und sein Blut *auf* der Erde ihre Wirkung entfalten, geht sein Wesen in das Reich *unter* der Erde, an den Aufenthaltsort des Bösen. Dorthin bringt er sein Licht, und die Folge davon ist, dass die Dämonen vor ihm fliehen. Anders ausgedrückt: Er erweckt durch sein Licht bei den Dämonen das Bewusstsein ihrer »bösen« Natur, was Angst in ihnen erzeugt und schließlich dazu führt, dass sie sich den Menschen gegenüber zu erkennen geben. Wir werden am Ende dieses Buches noch einmal auf diesen Vorgang zurückkommen.

Es ist jedoch, wie bereits dargelegt wurde, nicht die Aufgabe der Götter, das Böse zu erlösen; dies ist vielmehr die Aufgabe der Menschen. Und um diese Erlösung in der Zukunft möglich zu machen, hat der Kainsmensch durch den Mord an seinem Bruder Abel eine Mitverantwortung für die Wirksamkeit des Bösen übernommen und seine ewige Flucht über die Erde begonnen. Christus kann nur eines tun: dem Menschen den Weg zum Bösen zeigen! Er legt in der Unterwelt Lichtspuren, denen der Mensch auf seinem Weg zur Begegnung mit dem Bösen folgen kann.

In diesem Zusammenhang bekommen die Mysterien von Tod und Auferstehung auf einmal eine neue Dimension. Sie können als eine Tat betrachtet werden, die eine andere Tat erst möglich macht: die Erlösung vom Bösen. Ebenso wie der Fall der bösen Götter dazu führte, dass der Mensch mit in die Sterblichkeit geschleudert wurde, so wird in Zukunft das Überwinden der Sterblichkeit dazu führen, dass der Fall der bösen Götter rückgängig gemacht wird. Der Mensch strebt also letztlich nicht nur nach der Erlösung seiner selbst, was eigentlich der Kern der Mysterien von Tod und Auferstehung ist, sondern auch nach der Erlösung der bösen Geister, die ihn in die Sterblichkeit geführt haben. Das vollbewusste »Ja« des Kainsmenschen zu seinem Schicksal beinhaltet zugleich ein »Ja« zur Wirklichkeit des Bösen.

Was bedeutet dies nun konkret? Es bedeutet vor allem, dass eine neue Auffassung des Bösen existiert. In seinem Buch *Die Kraft der inneren Stimme* beschreibt Cees Zwart, dass diese neue Auffassung in der heutigen Zeit auch tatsächlich allmählich entsteht.[36] Der Holocaust hat dabei eine wichtige Rolle gespielt. Zwart zeigt – und dabei geht er von der Arbeit des Ethikers Erich Neumann aus –, dass individuelle Menschen immer mehr zur Erkenntnis ihres eigenen »Schattens« kommen, das heißt in diesem Zusammenhang, eines ganzen Komplexes schlechter Eigenschaften (und damit sind hier solche gemeint, mit denen man anderen Menschen Schmerz zufügt), die man oft nur schwer in die Hand bekommt, für die man gleichwohl aber persönlich verantwortlich ist. Und das Akzeptieren dieser Verantwortung, der in der Realität sehr viele schmerzvolle Erfahrungen vorausgehen, ist nach Ansicht Zwarts ein modernes manichäisches Prinzip.

Auch Cees Zwart ist sich dessen bewusst, dass dies alles leichter gesagt als getan ist. Man bekommt es mit neuen Normen und Werten zu tun, die der herrschenden Moral konträr gegenüberstehen, obgleich heutzutage viele Menschen spüren, was mit ihnen gemeint ist. Dort etwa, wo unsere Gesellschaft scharf zwischen schuldigen Tätern und unschuldigen Opfern unterscheiden möchte, führt die manichäische Ethik direkt zu einem Handeln, in dem dieser Unterschied auf einmal nicht mehr so entscheidend ist. An diesem Punkt spielt z.B. der Holocaust eine wichtige Rolle, der bei sehr vielen Menschen mit rückwirkender Kraft die Frage in ihren Seelen geweckt hat: Was wäre ich selbst gewesen, Täter oder Opfer? Auf diese Frage gibt es keine einfache Antwort mehr.

Der Schatten, von dem Cees Zwart in seinem Buch spricht, wird in der Esoterik auch »der Doppelgänger« genannt. Dabei handelt es sich um ein wirkliches Wesen, das sich in der Unterwelt aufhält, sich aber von dort aus, unmittelbar bevor wir geboren werden, mit unserer Seele verbindet. In diesem Wesen, das übrigens in sehr vielen literarischen Werken beschrieben wird, haben sich alle »schlechten« (weil für andere schmerzhaften) Eigenschaften zusammengeballt, die wir noch nicht bewusst akzeptieren können, die aber gleichwohl zu uns gehören. Jedes Mal, wenn wir uns unserem Doppelgänger Aug' in Auge gegenüberstellen und ihn annehmen, erlösen wir etwas von ihm. Dass dieser Doppelgänger sich überhaupt sehen lässt, sich in unser konkretes Leben einmischt, ist eine Folge der Tatsache, dass Christus den Weg in die Unterwelt beschritt.

Um den eigenen Schatten zu akzeptieren, brauchen wir Nachsicht. Damit ist nicht eine oberflächliche Bereitschaft zur Vergebung der eigenen Fehler gemeint; das wäre allzu einfach. Es geht vielmehr um die innere Bereitschaft, sich selber auch als Täter zu sehen, als einen Menschen, der, wie Bob Dylan es in seinem wunderbaren Song »What good am I« ausdrückt, »nicht viel besser ist als jeder andere«. Die Akzeptanz des Bösen in uns führt dann schließlich zu dem, was Sergej Prokoffief in seinem Buch *Die okkulte Bedeutung des Verzeihens* die erste Stufe auf dem Einweihungsweg des Manichäismus nennt, die Entstehung einer Toleranz durch »Entwickeln eines echten Interesses für den anderen Menschen«.[37] *Der wirkliche Manichäismus beginnt erst da, wo man den Schatten des anderen liebt.*

Damit ist auf einen weiteren Aspekt des zukünftigen Manichäismus gewiesen. Er ist eine Geistesströmung, die sich auf die Bildung sozialer Gemeinschaften richtet. Das Böse in uns selbst können wir Menschen noch für uns allein entdecken, und vielleicht kommen wir auch ganz gut damit voran, dieses umzubilden. Aber die Umwandlung des großen Bösen in der Welt verlangt Gemeinsamkeit. Das lehrt beispielsweise die Arbeit mit Drogenabhängigen. Nur dann, wenn eine soziale Gemeinschaft vorhanden ist, was soviel heißt wie Offenheit, Ehrlichkeit und Vertrauen, kann ein therapeutischer Umgang mit dem »Dämon« des Heroin gefunden werden. Jeder, der in seinem Kampf mit diesem Dämonen allein gelassen wird, geht daran zugrunde. Nur wenn eine therapeutische Gemeinschaft als Ganzes bewusst den Umgang mit den Dämonen auf sich nimmt und daraus bis in die Art und Weise des Umgehens miteinander entsprechende Konsequenzen zieht, besteht die Möglichkeit des Erfolgs.

Obgleich es sich beim Manichäismus um eine Geistesströmung handelt, die erst in der Zukunft ganz in Erscheinung treten wird, sind jetzt schon ihre Vorboten zu sehen. Völlig zu Recht ist bereits festgestellt worden, dass ein Betonen der mehr »weiblichen« Qualitäten, wie man es heute überall beobachten kann, in Verbindung mit einem ersten, noch zögernden Auftreten »manichäischer« Seelen gebracht werden muss. Es ist ein Kennzeichen dieser Seelen, dass sie oft nur schwer ihren Weg zur Erde und zur herrschenden Kultur finden, oft sind sie zu sensibel und zu verletzlich, um sich zu behaupten. Ehrenfried Pfeiffer berichtete, dass nach Meinung Rudolf Steiners die eigentliche spirituelle Aufgabe der Waldorfschulen darin besteht, solchen verletzlichen Individualitäten eine gesunde Inkarnation zu ermöglichen. Während normale Schulen »schwierige« Kinder leider meist lieber gehen als kommen sehen, sollte es in den Waldorfschulen umgekehrt sein. Bernard Lievegoed, der in seinen Äußerungen unerbittlich sein konnte, sagte mir einmal, es sei nicht undenkbar, dass viele solcher Seelen in einer psychiatrischen Einrichtung landeten, einfach deshalb, weil sie nicht verstanden würden.

Der Schweizer Dichter Albert Steffen war ein Anthroposoph, in dessen Werk der Manichäismus deutlich zu finden ist. Wie bereits angedeutet, wurde er der Nachfolger Rudolf Steiners nach dessen Tod als Vorsitzender der Allgemeinen Anthroposophischen Gesellschaft.

Mich selbst interessiert das Werk Albert Steffens erst seit kurzer Zeit, und noch immer habe ich es schwer damit. Ich erlebe die Form seiner Gedichte, aber auch seiner Prosa und seiner Theaterstücke als altmodisch und statisch. Das »moderne Lebensgefühl« in der Qualität, wie z.B. Saul Bellow es formuliert,[38] fehlt bei Steffen meines Erachtens.

Dennoch ist der Inhalt seines Werkes auf dem Hintergrund des oben Ausgeführten höchst interessant. Ein einziges Beispiel kann verdeutlichen, was ich meine. In der Monographie *Albert Steffen, Künstler und Christ* berichtet Rudolf Meyer, dass Steffen sich mehrfach mit den Statistiken von Morden und Selbstmorden beschäftigte, die auch damals – in der Schweiz der fünfziger Jahre – jährlich veröffentlicht wurden. Nach Steffens Meinung waren diese Statistiken von Bedeutung, weil sie ein Bild vom »Zusammenbrechen« der Kultur gaben. Doch war er auch der Meinung, dass ein Dichter nicht bei dem allgemeinen und abstrakten Bild, das durch die Statistiken gezeigt wurde, stehenbleiben konnte. Er musste sich mit den *konkreten* Fällen von Mord und Selbstmord verbinden.

Albert Steffen schreibt dann (ich zitiere nach der Monographie von Rudolf Meyer): »Eine noch höhere Aufgabe kommt jedoch dem Dichter zu. Er muss immer intuitiv vorgehen, das heißt, sich in das Innere des Menschen versetzen, selbst wenn es sich um den größten Verbrecher handelt, sogar dann, wenn dieser unverbesserlich scheint. Das kann er nur, wenn er das andere Ich in das eigene aufnimmt. Dadurch wird er ein Helfer. Er darf mit zur Verwandlung des Bösen in Gutes beitragen. Er vermag an der Erlösung der Menschheit teilzunehmen. Man müsste die Statistiken der Verbrecher ergänzen durch die der Retter. Gewiss würde diese größer sein als jene.«[39]

Auch an sehr vielen anderen Beispielen ist die manichäische Haltung Steffens zu erkennen. Außer zwei Theaterstücken über *Mani* schrieb er auch eines über die *Titanic*, den gewaltigen Luxusdampfer, der 1912 vor der Küste von Neufundland sank. Steffen sah das Schiff als Symbol einer »versinkenden« Kultur und versuchte in seinem Stück, sich in das hineinzuversetzen, was die Menschen an Bord innerlich durchmachten und erlitten.

DRITTES KAPITEL
Christan Rosenkreuz und der Abgrund

Ein größerer Unterschied als zwischen dem Leben des Mani im dritten Jahrhundert und dem Parzivals im neunten Jahrhundert ist kaum denkbar. Während Manis Lehre sich über einen großen Teil der Erde ausbreitet, vom Atlantischen Ozean bis weit hin nach Indien, beginnt Parzival als »reiner Tor«. Manis Lehre, so wie sie aus den vielen Texten zu erkennen ist, die seit 1930 aufgefunden worden sind, ist durch einen großen Reichtum an Bildern charakterisiert, die unmittelbar zu den Herzen der damaligen Menschen gesprochen haben müssen. Seine Lehre ist wie ein Herbst: Bevor der Winter beginnt, bricht die Natur noch einmal mit ihrem farbigen Ungestüm durch.

Parzival dagegen kann mit der Saat verglichen werden, die im Frühjahr Wurzeln treibt. Und auch insgesamt bringt er keine Lehre, sondern vollführt *Handlungen*, von denen später Künstler wie Wolfram von Eschenbach und Chrestien de Troyes erzählen. Und in diesem einfachen Erzählen liegt eine wichtige Gemeinsamkeit zwischen Mani und Parzival: Beide wenden sich an die Herzen der Menschen.

Vor einigen Jahren hat man in einer Bibliothek in Österreich Musik von Wolfram von Eschenbach zu Texten aus seinem *Titurel* gefunden. Inzwischen hat man diese Musik aufgeführt und auf einer CD eingespielt. Man wird tief berührt vom sakralen Charakter einerseits – Wolfram verwendet Tonarten, die auch im gregorianischen Gesang benutzt werden –, andererseits von den Elementen der Volksmusik, die sie enthält. So wird in dieser Musik bestätigt, was schon an Wolframs Texten zu erkennen war: Er war ein Erzähler heiliger Geschichten, der sich am liebsten an der Festtafel bei weltlichen Rittern oder einfachem Volk einfand, um seine Laute erklingen zu lassen.

Die Imagination der weißen Lilie und der roten Rose brachte uns zu Titurel und Parzival. Wir sahen, wie im neunten Jahrhundert durch das Zusammenwirken der beiden Individualitäten, die hinter diesen Namen standen, Manu und Mani, ein weiterer Entwicklungsschritt der neuen Sonnenmysterien eingeleitet wurde. Ferner stellten wir fest, dass es in diesen neuen Mysterien darum geht, zwei Prozesse in Einklang miteinander zu bringen: denjenigen, der mit dem Mysterium von Tod und Auferstehung zusammenhängt und den Prozess, bei dem es um die Begegnung mit dem Bösen und dessen Verwandlung geht. Obwohl dies letztere eher eine Aufgabe der Zukunft ist, konnten wir sehen, dass sie sich dennoch gleichsam in vorbereitender Art in den ersten Prozess einfügt.

Seit der Schule des Titurel ist es nicht mehr möglich, eine Einweihung ohne direkte oder persönliche Konfrontation mit dem Bösen durchzumachen. In der Imagination wird dies so ausgedrückt: Die Lilie blühte noch am Lebensbaum, die Rose aber blüht nur, wenn sie an das schwarze Kreuz, das Bild der irdischen Todeskräfte, geheftet ist.

Mani/Parzival übernimmt die Fackel von Manu/Titurel. Wenn man die esoterische Literatur daraufhin untersucht, was Mani nach seiner Einweihung als Parzival als erstes tut, wird ersichtlich, wie richtig diese Folgerung ist. Denn er ruft ausgerechnet diejenige Individualität zu Hilfe, die in der Esoterik als Repräsentant des Kainsmenschen beschrieben wird. Er bezieht gleichsam die Menschen in seine Aufgabe mit ein, die seit dem Tod Adams die Verantwortung für die Wirksamkeit des Bösen auf der Erde haben tragen wollen. Trivial ausgedrückt: Mani »mobilisiert« bald nach seinem Leben als Parzival die menschlichen Kräfte, die auf und unter der Erde heimisch sind. Wie tut er das?

Ein vorsichtiger Hinweis auf die Individualität, die als Führer dieser Menschengruppe gilt, wird bereits in der Imagination von der Lilie und der Rose gegeben, wenn es heißt, die *rote Rose* solle an das schwarze *Kreuz* geheftet werden. Es handelt sich um eine Individualität, die eindrucksvoll ihre Spuren in der Geschichte der Menschheit hinterlassen hat. Im Jahre 1250 erfuhr diese Individualität von Mani selbst eine Einweihung, der ihr dabei den Namen »Christian Rosenkreuz« übertrug. Diese Einweihung wird mehrfach ausführlich von Rudolf Steiner beschrieben. Es ging darum, den Ätherleib dieser Individualität mit all der Weisheit zu durchdringen, die mit den einzelnen nachatlantischen Kulturepochen – auch der noch folgenden – zusammenhing. Wiederum zweihundert Jahre später, 1459, wurde derselbe Christian Rosenkreuz noch einmal von Mani eingeweiht, und diese Einweihung bestand, um die Worte Rudolf Steiners zu benutzen, in »der wahren Erkenntnis von der Funktion des Bösen«.[40] In dieser Einweihung lernt Christian Rosenkreuz seine Erfahrungen *begreifen*, die er als Kainsmensch in zahllosen Inkarnationen gemacht hatte.

Um das Wesen dieser Individualität zu verstehen, müssen wir uns der sogenannten »Tempellegende« zuwenden, die unmittelbar auf die Geschichte von Kain und Abel zurückgeht.[41] Diese Tempellegende wurde sehr lange von geheimen Bruderschaften als der – vor der Welt verborgen gehaltene – Quell ihres spirituellen Wirkens angesehen. Aus dieser Legende geht auch hervor, dass Christian Rosenkreuz ebenso wie Manu und später Mani einen eigenen »Altar«, das bedeutet: ein eigenes »Arbeitsgebiet«, besitzt.

Die Legende berichtet, dass König Salomo, ein Vertreter der Abelströmung, den Architekten Hiram Abiff darum bittet, für ihn den Tempel in Jerusalem zu bauen. Dieser Hiram Abiff, der zur Kainsströmung gehört und eine Inkarnation des späteren Christian Rosenkreuz ist, wurde ungeachtet dessen, dass er den prächtigen Tempel baute, von fast allen gehasst, auch von Salomo, der eifersüchtig auf die Fähigkeiten seines Architekten war. Als eines Tages Balkis, die Königin von Saba, am Hof Salomos erscheint, ist sie so beeindruckt von der Weisheit des Königs, dass sie sich in ihn verliebt. Salomo, der ihre Liebe erwidert, bittet sie daraufhin, seine Frau zu werden.

Inzwischen jedoch ist Balkis neugierig auf den Architekten des prächtigen Tempels geworden und bittet Salomo, Hiram Abiff kennenlernen zu dürfen. Salomo zögert zunächst, erlaubt aber schließlich die Begegnung. Als die beiden sich zum ersten Mal sehen, so erzählt die Geschichte, wirft Hiram Abiff ihr einen Blick zu, »welcher ihr Innerstes erbeben ließ«. Als sie die Spannung zwischen Salomo und Hiram Abiff spürt, die von Salomo ausgeht, beschließt sie, Hiram Abiff in Schutz zu nehmen. Das führt dazu, dass Salomo, der in Hiram einen Konkurrenten vermutet, drei Arbeitern, die Hiram feindlich gesonnen sind, erlaubt, sich gegen ihren Baumeister zu wenden. Ihr Plan ist, das »Gießen des Ehernen Meeres«, ein Muster technischen Verstandes, das Hiram Abiff noch berühmter machen wird, misslingen zu lassen.

Als der Moment des Gießens angebrochen ist, auch Balkis ist anwesend, strömt glühend-flüssiges Eisen über den Rand der Form, und alle Anwesenden müssen flüchten, um nicht zu verbrennen. Hiram jedoch »bewahrte eine göttliche Ruhe« und versucht, das Feuer durch Wasser zu bekämpfen. Es wird beschrieben, wie das Wasser heiße Dämpfe verursacht, die aufsteigen und dann als tödlicher Feuerregen wieder herunterfallen. Hiram bleibt allein auf dem Platz des Unheils zurück und versinkt in Gram. Plötzlich hört er eine Stimme rufen: »Hiram! Hiram! Hiram!« Als er aufschaut, sieht er eine große Gestalt in der Luft schweben, die spricht: »Sei ohne Furcht, mein Sohn, denn ich habe dich unverbrennbar gemacht; stürze dich in die Flammen!«

Und das geschieht. Während Hiram Abiff in die Tiefen der Erde versinkt, fragt er den Geist, wohin er geführt werde. »In den Mittelpunkt der Erde, in die Seele der Welt, ins Reich des großen Kain, wo die Freiheit herrscht. Dort endet der tyrannische Neid Adonais [gemeint ist Jehova - JvdM]; dort können wir, seines Zornes spottend die Frucht vom Baum der Erkenntnis kosten; dort ist das Heim deines Vaters.« Als Hiram Abiff fragt, wer da spräche, sagt der Geist: »Ich bin der Vater deiner Väter, ich bin Tubal-Kain, der Sohn Lamechs.« (Von diesem Tubal-Kain heißt es in der Bibel, er sei der erste gewesen, der einen Schmelzofen gebaut hat.)

In der Tiefe der Erde begegnet Hiram seinem Vorfahren Kain, der ihm von der verwandelnden Kraft des Feuers erzählt. Er erfährt, dass ihm fortan die »Feuergeister« beistehen werden. Nachdem er von Tubal-Kain einen Hammer und ein goldenes Dreieck bekommen hat, verlässt Hiram das Erdinnere und steigt hinauf. Sofort wiederholt er auf der Erde seinen Versuch, ein »Ehernes Meer« zu gießen, was wunderbar gut gelingt. Als Balkis und das Volk am nächsten Morgen nach ihm schauen, sind sie erstaunt und begeistert vom Resultat.

Balkis und Hiram beschließen zu heiraten. Aber zuerst muss Balkis ihre Verlobung mit Salomo rückgängig machen. Als dieser eines Tages betrunken ist, zieht sie ihm den Ring vom Finger und verlässt den Palast. Hiram will dem Tempel noch einen letzten Besuch abstatten, doch die drei Arbeiter lauern ihm auf und ermorden ihn. Bevor er stirbt, gelingt es ihm noch, das goldene Dreieck, das an seinem Hals hängt und auf dem »das Meisterwort« geschrieben steht, in einen Brunnen zu werfen. Die Mörder begraben den Leichnam auf einem Hügel und pflanzen eine Akazie auf das Grab.

Nach sieben Tagen wird Hirams Leiche gefunden. Da das goldene Dreieck mit dem Meisterwort fehlt, wird als neues Meisterwort das gewählt, was der Entdecker des Grabes ausspricht, als er den Leichnam Hirams sieht: »Makbenach«, was bedeutet: »Bruder erschlagen« oder auch »Fleisch, von den Knochen gelöst.« Als das Dreieck später doch noch – in dem Brunnen – gefunden wird, bringt Salomo es in ein geheimes Gewölbe, das sich unterhalb eines entlegenen Winkels im Tempel befand und legt einen schweren Stein, einen Würfel, darauf, auf dem die zehn Gebote geschrieben stehen. Auch das Gewölbe wird zugemauert, und es heißt, nur siebenundzwanzig Auserwählte kennten dies Geheimnis.
Die drei Häscher begehen Selbstmord.

Auch in dieser Legende muss die weibliche Hauptperson, Balkis, als die menschliche Seele angesehen werden. Sie muss zwischen den beiden Extremen wählen: der göttlichen Weisheit Salomos und der irdischen Erfahrung Hirams. Zunächst wählt sie die erste, später aber endgültig die zweite.

Die Attribute des Christian Rosenkreuz (Hiram Abiff) waren in der Zeit, bevor Christus auf der Erde erschien, der Hammer und das goldene Dreieck, die aus dem feurigen Erdinneren stammen und als Ergebnis aller schmerzlichen Erfahrungen des Kainsmenschen angesehen werden können. Sein Altar ist der »Schmelzofen«, und die einzigen göttlichen Wesen, die ihm helfen, sind die »Feuergeister«. Das eigentliche Ziel seines Werkes ist nicht, den Tempel für Salomo zu bauen, sondern das Eherne Meer zu gießen, das dem Tempel beigegeben werden sollte.

Was ist eigentlich dieses Eherne Meer? In einem Vortrag aus dem Jahre 1904, ebenfalls im Zusammenhang der Esoterischen Schule gehalten, sagt Rudolf Steiner darüber folgendes: »Das Eherne Meer ist jener Guss, der entsteht, wenn in der entsprechenden Weise Wasser mit Erz vermischt ist. Die drei Gesellen machen es falsch, der Guss wird zerstört. Aber indem Tubal-Kain

Hiram die Mysterien des Feuers enthüllt, ist Hiram imstande, Wasser und Feuer in der richtigen Art miteinander zu verbinden. Dadurch entsteht das Eherne Meer. Es ist das, was das Geheimnis der Rosenkreuzer ist. Es entsteht, wenn das Wasser der ruhigen Weisheit sich verbindet mit dem Feuer des astralen Raumes, dem Feuer der Leidenschaft.«[42] Das goldene Dreieck bringt Rudolf Steiner in Verbindung mit unserem höheren Ich, das erst in ferner Zukunft seine volle Wirksamkeit entfalten wird.[43]

In Lievegoeds *Über die Rettung der Seele* findet sich eine Übersicht über das Wirken des Christian Rosenkreuz durch alle Zeiten und all seine Inkarnationen hindurch. An dieser Stelle geht es mir vor allem um die Inkarnation als Johannes, des Jüngers, der auch der Schreiber des Johannesevangeliums und der Apokalypse gewesen ist. Dieser Johannes steht, wie wir sahen, mit Maria zusammen als Letzter unter dem Kreuz von Golgatha und erlebt das Leiden Christi bis zum Ende mit. Er ist der Mensch, der die Realität der Sterblichkeit ganz und gar kennt und sich des Abgrundes bewusst ist, vor dem Christus in dem Augenblick steht. Er kennt das verzehrende Feuer der Unterwelt und kann ahnen, welchen Weg Christus nach seinem Kreuzestod gehen wird: zum Mittelpunkt der Erde, dessen Eingang Adams Grab auf Golgatha ist.

Aus allem, was in der esoterischen Literatur über Christian Rosenkreuz berichtet wird, ergibt sich, dass dieser im wahrsten Sinne des Wortes »am Rande des Abgrunds« steht. Überall, wo Menschen in ihrem Leben an einem Abgrund stehen, auf welche Art sich dies auch äußern mag, betreten sie seine Einflusssphäre. Das zeigt sich beispielsweise an der Art, wie Christian Rosenkreuz sich den Menschen zuwendet, die sich in einer entscheidenden Wendesituation ihres Lebens befinden, eine Lebenskrise durchmachen und buchstäblich oder im übertragenen Sinne an einem Abgrund stehen. »Es geschieht dann«, so schildert es Rudolf Steiner einmal, »dass der Betreffende vielleicht wenige Schritte vor dem Abgrund eine Stimme hört: Halt ein! – so dass er halten muss, ohne zu wissen warum. Tausend ähnliche Fälle kann es geben.«[44] Wer einen solchen Ruf, oder eine Berufung – oft mit dem Rufen des eigenen Namens verbunden – erlebt, empfängt in gewissem Sinne ein neues Leben.

Wie eng die Verbindung des Christian Rosenkreuz zu dem Motiv des Abgrunds ist, geht auch aus Folgendem hervor. In der *Chymischen Hochzeit des Christian Rosenkreutz*, einer Schrift, die zusammen mit der »Fama« und der »Confessio« zu denen gehört, die im siebzehnten Jahrhundert zum ersten Mal nach außen traten, wird beschrieben, wie Christian Rosenkreuz von Mani in das Mysterium der Erkenntnis des Bösen eingeweiht wird. Auch dieser esoterische Text besteht aus vielen Imaginationen; einige davon möchte ich hier beschreiben.

Das Buch schildert den Prozess der Einweihung in sieben Tagen, die in die Passions- und Osterzeit fallen. Obwohl es ganz andere Bilder als jene in den Evangelien sind, die einen Bezug zum Mysterium von Golgatha haben, ist der Prozess unmissverständlich als der einer Nachfolge Christi aufzufassen: Sterben, der Weg durch die Unterwelt, die Auferstehung. Am ersten Tag, dem Gründonnerstag, erscheint bei Christian Rosenkreuz ein Engel zu Tisch, der ihm einen Brief bringt, in dem er zu einer königlichen Hochzeit eingeladen wird. »Als ich diesen Brief las«, so lautete der Text, »schwanden mir beinahe die Sinne. Die Haare stiegen mir zu Berge, und der kalte Schweiß lief mir über den ganzen Leib; denn obschon ich wusste, dass dies die versprochene Hochzeit sei, die mir vor sieben Jahren in einem leiblichen Gesicht verkündet worden war [...], so hätte ich mir doch nimmer träumen lassen, dass es unter so schweren und gefährlichen Bedingungen vor sich gehen würde. [...] Wie ich nun in solcher Furcht und Hoffnung schwebte, über mich selbst hin- und widerriet, bei allem aber nur meine Schwachheit und mein Unvermögen erkannte ... «[45]

Der Prozess beginnt also mit einer Krise, die (in diesem Fall zu einer plötzlichen) Erkenntnis menschlicher Unzulänglichkeit führt. Man kann also nicht von einem strahlenden Anfang sprechen, im Gegenteil, das erste, was Christian Rosenkreuz erlebt, ist der Abgrund in sich selbst.

Am Ende des ersten Tages hat er einen Traum, der auf noch eindrücklichere Weise zeigt, dass der Prozess im Abgrund beginnt. Er träumt, er »läge in einem finsteren Turm neben unzählbar vielen anderen Menschen an großen Ketten gefangen; wir waren ohne alles Licht, und es schien, als krabbelten wir wie die Bienen übereinander, wobei wir einer dem andern die Trübsal noch schwerer machten. [...] Wir waren eben allzumal ausgemachte Tröpfe. Wie wir nun in solcher Trübsal miteinander eine gute Weile verharrt und immer einer den andern einen Blinden und Gefangenen gescholten hatte, hörten wir endlich viele Trompeten blasen. [...] Unter solchem Getön wurde das Dach oben auf dem Turm hochgehoben und uns ein wenig Licht hereingelassen. Da sah man uns erst recht durcheinander purzeln, denn da ging alles drunter und drüber [...] Danach mahnte uns ein alter, eisgrauer Mann zur Ruhe, und als es endlich still war, fing er an zu reden. [...] Kaum hatte er dies gesprochen, so befahl die alte Frau ihren Dienern, das Seil in den Turm zu sieben Malen hinabzulassen und diejenigen heraufzuziehen, welche daran hingen. O wollte Gott, ich könnte richtig beschreiben, welche Aufregung uns da ergriff; denn jeder wollte das Seil erhaschen, und dabei hinderte doch nur einer den andern.«

Soweit das Zitat. Das Bild des Menschen, das hier erscheint, mag wenig erhebend sein, gleichwohl ist es realistisch. Auch hier wird deutlich, dass der Ausgangspunkt des Christian Rosenkreuz nicht in hohen Idealen oder spirituellen Zukunftsvisionen gesehen werden muss. Nein, der Anfang seiner esoterischen Arbeit liegt gerade dort, wo derartige Ideale völlig fehlen und wo das Leben aussichtslos ist. Die Menschen auf dem Grunde jenes Turmes sind Täter und Opfer zugleich; sie zertrampeln sich gegenseitig.

In den Tagen, die nun folgen, wird Christian Rosenkreuz in verschiedener Weise mit seiner Unfähigkeit konfrontiert. Am vierten Tag – er ist an dem Ort angekommen, wo die Hochzeit gefeiert wird –, »wurden von den Dienern sechs verhüllte Särge in den Saal getragen, niedergesetzt und in die Mitte ein niederer schwarzer Sessel gestellt. Endlich trat in den Saal herein ein kohlschwarzer, langer Mann, der trug in der Hand ein scharfes Beil. Nun wurde zuerst der alte König auf den Sessel geführt und ihm das Haupt flugs abgeschlagen. Dann wurde es in ein schwarzes Tuch eingewickelt, sein Blut aber in einem großen goldenen Pokal aufgefangen, daneben in den bereitgestellten Sarg getan und beides verhüllt beiseite geschoben. So erging es auch den andern, so dass ich schließlich meinte, die Reihe werde auch an mich kommen. Aber das geschah nicht; denn sobald die sechs Gäste enthauptet waren, ging der schwarze Mann wieder hinaus.«[46]

An solchen Bildern fällt auf, dass sie, nicht nur was den Inhalt betrifft, sondern auch ihrer Form nach einen »rauhen« Charakter haben. Es wird nichts beschönigt; der Stil ist sehr direkt und geradlinig, ohne Schnörkel.

Am Ende wird Christian Rosenkreuz am siebten Tag zum »Ritter vom goldenen Stein« geweiht. Er hat die Fähigkeit entwickelt, das Irdische zu vergeistigen; der dunkle Stein der Erde wird in einen goldenen Stein verwandelt werden. Und ohne Umschweife wird gesagt, wo sein Arbeitsfeld liegen wird: Als Ritter vom goldenen Stein wird er sich des »Unverstandes, der Armut und der Krankheit« annehmen.

Die Rosenkreuzerbewegung wird oft zu Recht als »Unterabteilung des Manichäismus« bezeichnet.[47] Wie Titurel Parzival brauchte, so brauchte Parzival später Christian Rosenkreuz. Denn Parzival ist ja derjenige, dessen Name »mitten durch das Tal« bedeutet, der seine Milde im Tätigsein über die ganze Erde verbreitet. Sein Arbeitsfeld ist das soziale Leben, wo Menschen miteinander verbunden sind und Gemeinschaften bilden, wo sie gesellschaftliche Aufgaben verrichten. Überall, wo Parzival erscheint, klingt der manchmal milde, manchmal raue Ton des Wolfram von Eschenbach durch den Raum des sozialen Lebens. Parzival ist der Eingeweihte des Lebensschicksals, der Erkenntnis, dass das Leben immer wieder aussichtsreiche Abenteuer bietet, die angepackt werden können, wenn wir nur den Mut dazu haben.

Der Auftrag des Christian Rosenkreuz ist eine Fortsetzung davon. Er hat sich im Namen Mani-Parzivals mit dem aussichtslosen Leiden verbunden, mit »Armut, Krankheit und Unverstand«.

Im Grunde deuten »Armut, Krankheit und Unverstand« auf Befindlichkeiten hin, die ihren Platz nicht mehr auf der Erde, sondern, imaginativ gesprochen, darunter haben. Das Gleichgewicht von Himmel und Erde ist gestört, und damit haben die dunklen Kräfte die Oberhand erlangt.

Auf den ersten Blick scheinen wir es mit drei willkürlichen Begriffen zu tun zu haben, die ohne weiteres durch andere ersetzt werden könnten. Schaut man die Welt aber durch diese Begriffe wie durch ein Okular an, merkt man, wie umfassend sie sind: Sie geben sehr genau wieder, in welchen Bereichen sich der Mensch durch äußere oder innere Umstände als »gefangen« erleben kann. Überall dort, wo Menschen durchs Netz fallen – das mögen Einzelne sein, die ihre Arbeit verlieren oder die Bevölkerung ganzer Weltteile wie z.B. Afrika –, geraten sie in Armut, Krankheit oder »Unverstand«.

Der Abgrund ist überall. Er ist dort, wo die moderne Technik Menschen zu abstrakten Erscheinungen macht, zu Wesen, die ihren eigenen Gefühlen und dem Sinn des Lebens entfremdet sind. Er ist dort, wo sich der Künstler immer wieder neue Konzepte ausdenkt, die zwar ausführbar sind, aber im Übrigen nichts mit dem zu tun haben, was er selbst erlebt. Er ist dort, wo der alte Mensch in seinem Sessel im Altersheim sitzt und davon überzeugt ist, dass sein Leben zu nichts mehr nütze ist. Er ist dort, wo wirtschaftliche Überlegungen dazu führen, dass junge Menschen in den Krieg geschickt werden, ohne, dass sie das Warum wirklich verstehen. Er ist dort, wo in einer Familie unsägliche Trauer herrscht, weil die jüngste Tochter ihrem Leben ein Ende machte. Er ist dort, wo westliche Konsumenten nur den allerniedrigsten Preis für Soja bezahlen wollen, was dazu führt, das Tausende von südamerikanischen Bauern in ihrer Existenz bedroht sind. Er ist da, wo die individuellen Interessen der Bürger von politischen Systemen plattgewalzt werden. Er ist da, wo Manager vor lauter Stress vergessen, dass auch sie ein menschliches Leben zu führen haben.

Während Parzival und seine Freunde sich ins Straßengewühl mischen und sich auf den Bürgersteig mitten unter die Menschen begeben, haben Christian Rosenkreuz und seine Jünger sich über das, was in der Gosse geschieht, erbarmt. In dieser Hinsicht ist vielleicht zu verstehen, was Rudolf Steiner meinte, als er Christian Rosenkreuz den »größten Märtyrer unter den Menschen« nannte.[48] Auch sagt er einmal, er sei »der Meister«, an den wir uns wenden könnten, wenn wir Schwierigkeiten im täglichen Leben haben.[49]

Wenden wir uns noch einmal den Bildern der Bibel und der »Schatzhöhle« zu, wie wir sie kennengelernt haben. Zweimal entstand aus einer anfänglichen Einheit eine Zweiheit: Die ursprüngliche Menschheit, die »Adam« genannt wird, fiel nach zwei Richtungen hin auseinander; der Kainsstrom sucht das Dunkel der Erde auf, der Strom des Abel blieb im Licht der göttlichen Weisheit. Dasselbe geschah in der nächsten Phase, als Noah gleich nach dem Untergang von Atlantis zuerst sein Wesen auf Sem (»der Name«) übertrug und dann sah, wie Ham (»der Dunkle«) den Fluch Kains auf sich nahm und Japhet (»der Schöne«) genau wie Abel in Einklang mit dem Göttlichen lebte.

Bei Titurel und Parzival geschieht eigentlich das Umgekehrte. Als Titurel seine Aufgabe an Parzival weitergegeben hat, wobei man Parzival als den »zukünftigen« Menschen betrachten kann, ruft dieser als ersten seinen »Sohn« Christian Rosenkreuz aus dem Dunkel hervor, um ihm zur Seite zu stehen. In der Einweihung, oder besser gesagt: im »Zurückrufen« des Kainsmenschen durch Mani-Parzival kann eine erste Heilung der schwierigen karmischen Verhältnisse zwischen Adam und Kain (und Noah und Ham) erblickt werden – zwischen dem ursprünglichen Menschen und dem Menschen, der auf der Erde schmerzliche Erfahrungen durchzumachen hatte.

V I E R T E S   K A P I T E L
Rudolf Steiner und der heilige Gral

Rudolf Steiner betrachtete den Inhalt des Buches *Die Geheimwissenschaft im Umriss* als eine »Wissenschaft vom Gral«. Damit kann er nur gemeint haben, dass die Anthroposophie den spirituellen Impuls, der sich hinter dem Gral verbirgt, dem modernen Denken zugänglich macht. Vom esoterischen Standpunkt aus kann man auch sagen: Die anthroposophische Geisteswissenschaft hat demnach die Aufgabe, die Bedeutung der neuen, mit der Gralströmung verbundenen Sonnenmysterien deutlich zu machen, die im neunten Jahrhundert nach Christus begründet worden waren und die die nachchristliche Metamorphose der alten atlantischen Sonnenmysterien sind, die von jenem »Ureingeweihten« und Urlehrer der Menschheit, dem »großen Manu« verwaltet wurden. Hinter der Gralströmung steht, wie gezeigt, ebenfalls ein großer Eingeweihter, Titurel, der dann seine Aufgabe dem Parzival übergibt. Parzival wiederum ist, wie bereits erwähnt, jene Individualität, die als Mani den Manichäismus begründete. Dadurch besteht ein enger Zusammenhang zwischen diesem und der Gralströmung. Das Wesentliche dieser Mysterien bestand darin, dass zwei Prozesse mit einander verbunden worden sind: der Prozess von Tod und Auferstehung (was in der Transsubstantiation zum Ausdruck kommt) und der Prozess der Begegnung mit dem Bösen und dessen Umwandlung. Über diesen letzten Prozess äußert Rudolf Steiner, dass er zwar auf eine noch vor uns liegende Zukunft hinweist, aber ansatzweise auch jetzt schon seine Gültigkeit hat.

Um diese beiden Prozesse in eine Beziehung zueinander zu bringen, hat Mani nach seinem neuen Anfang als Parzival den wichtigsten Repräsentanten des Kainsmenschen zu Hilfe gerufen, Christian Rosenkreuz, der später, im Jahre 1459, in die Mysterien des Bösen eingeweiht wurde. Anderthalb Jahrhunderte nach dieser Einweihung wagt die »Bruderschaft des Rosenkreuzes« den ersten bescheidenen Schritt in die Öffentlichkeit, und zwar in

Form einiger Publikationen wie der *Chymischen Hochzeit des Christian Rosenkreuz*, in welcher die genannte Einweihung in imaginativen Bildern geschildert wird.

In der *Geheimwissenschaft im Umriss* weist Rudolf Steiner jedoch nicht nur auf den Gral, sondern ausdrücklich auch auf Christian Rosenkreuz hin. Denn so wie er den *Inhalt* des Buches eine »Wissenschaft vom Gral nennt«, bezeichnet er die wissenschaftliche *Methode*, die zu diesem Inhalt führt, als den »Rosenkreuzerweg«. Mit dieser Methode ist der Weg gemeint, der von der Imagination über die Inspiration zur Intuition führt. Dieser Weg knüpft ausdrücklich an das normale alltägliche Bewusstsein an, das an die physischen Sinneswerkzeuge gebunden und in den irdischen Verhältnissen heimisch ist. In der Arbeitsweise, wie Rudolf Steiner sie beschreibt, wird dieses »normale« Bewusstsein nicht ausgeschaltet, sondern »verwandelt«, wobei das Wesentliche, nämlich die bewusste Wachheit, erhalten bleibt. Auch hier gilt also, dass Rudolf Steiners Aufgabe offenkundig mit dem Verständlichmachen der Arbeitsweise des Christian Rosenkreuz zusammenhängt, dessen Wirkungsbereich, wie wir sahen, am Rande des »Abgrundes« gesucht werden muss. Was in der *Chymischen Hochzeit* noch so beschrieben wird, dass nur »Kenner« es verstehen können, wird von Rudolf Steiner so formuliert, dass *jeder* es begreifen kann. Mir ist nur ein einziges (dem Charakter nach privates) Dokument bekannt, in dem Rudolf Steiner seine Beziehung zu Christian Rosenkreuz in diesem Kontext tatsächlich offen beschreibt, und zwar das sogenannte »Dokument von Barr«.[50]

Rudolf Steiner war sich dessen bewusst, dass er nicht nur Christian Rosenkreuz diente und auch nicht nur Mani, sondern der Gestalt, die groß und fast unsichtbar hinter diesen beiden steht: Titurel-Manu. Das ist aus Folgendem ersichtlich: Hans Peter van Manen machte mich in einem Gespräch darauf aufmerksam, dass Rudolf Steiner jedes Mal, wenn er ab 1923 in einer Stadt zum ersten Mal über Karma und Reinkarnation sprach, auf sehr vorsichtige Art auf Manu hinwies, ohne aber dabei dessen Namen zu nennen. Am 25. Januar 1924 tat Rudolf Steiner dies in Bern.[51]
Er sagt dort, das Karma komme durch »zwei Tore« in unser Leben: durch das Tor der Sonne und das Tor des Mondes. Über den Mond sagt er, er bewahre unser altes Karma, über die Sonne, sie mache

unser zukünftiges Karma möglich. Und dann weist er auf den Mond hin als »Träger hoher geistiger Wesen, die einmal die Aufgabe gehabt haben, die Erdenmenschheit mit der Urweisheit zu inspirieren, die sich dann zurückgezogen haben ...« Wie wir wissen, war Manu der Bedeutendste der Urlehrer, die sich auf den Mond zurückgezogen haben, um sich des Schicksals der Menschen anzunehmen. Es ist, als wolle Rudolf Steiner dem, der es zu hören vermag, seine eigentliche Quelle für den Inhalt der Vorträge über Karma und Reinkarnation nennen.

***

Zum Verständnis der weiteren Schritte dieser Betrachtung ist ein Zwischenexkurs notwendig. Im kosmischen Bilde des Gral wirken drei Himmelskörper zusammen: die Sonne, der Mond und die Erde. Das Licht der physischen Sonne wird von der Mondsichel zurückgeworfen; die geistige Kraft der Sonne wird wie eine Hostie vom dunklen Teil des Mondes aufgenommen, von seiner »Innenseite«. Von der Erde aus gesehen – manchmal wird das Licht von der Erde durch den dunklen Teil des Mondes zurückgeworfen, so dass die »Hostie« auch physisch sichtbar wird – ist dies ein imaginativ zu lesendes Zeichen in der Sternensprache, das spricht: Die Sonne und der Mond sind eine Verbindung eingegangen, ein spirituelles Zusammenwirken, um die Erde und die Menschheit in der Zukunft zu erlösen.

Über den Mond heißt es – zum Beispiel in der *Geheimwissenschaft im Umriss* –, dass er in ferner Vergangenheit mit einem bestimmten Ziel aus der Erde herausgetreten ist: Er sollte die Erde und die Menschheit *für eine gewisse Zeit* von Kräften erlösen, denen der Mensch nicht gewachsen ist, weil sie eine erstarrende Wirkung haben. Es sind kosmische Kräfte, die die Erde, wären sie in ihr geblieben, zu einem Leichnam gemacht hätten. Mit den Substanzen dieses Leichnams hätten die Menschen keinen physischen Körper mehr aufbauen können, um darin zu leben. Daher war der Austritt des Mondes in esoterischer Hinsicht ein bedeutender Augenblick, der zutiefst mit dem Karma der Menschheit insgesamt zusammenhängt.

Vieles hängt mit dieser Trennung von Mond und Erde zusammen, zum Beispiel auch die spätere Geschlechtertrennung.

Die Tatsache, dass die Erdenmenschheit aus zwei Teilen, einem männlichen und einem weiblichen, besteht, rührt indirekt daher, dass die göttlichen Hierarchien beschlossen haben, sich für eine gewisse Zeit jener Teile des Schicksals zu erbarmen, die für die Menschen zu schwer zu tragen waren. Daher werden in den alten Mysterien auch die »trauernden« Göttinnen wie Isis und Ischtar immer in eine Beziehung zum Mond gebracht.

An den Erzählungen von der »Schatzhöhle« haben wir gesehen, dass auch menschliche Eingeweihte, die allerdings von göttlichen Wesen geführt wurden, an diesem Prozess teilhatten. Beispielsweise heißt es von Melchisedek, er habe hundert Jahre »getrauert« und den unerträglichen Schmerz Evas – der Seele der Menschheit – beim Anschauen von Adams Leichnam gleichsam »übernommen«, d.h. auf sich genommen. Wir haben auch gesehen, dass hinter Melchisedek kein geringerer als Manu, der größte aller Eingeweihten, zu suchen ist. Derselbe Manu ist ferner hinter Titurel zu suchen, der ja über das Leid seines Sohnes Amfortas wachte und erst durch die Frage des Parzival von seinem Amt erlöst werden kann.

Von Manu heißt es, dass er sich in einem bestimmten Augenblick gemeinsam mit anderen Urlehrern der Menschheit auf den Mond begeben habe. Es ist nicht schwierig zu verstehen, welches seine Aufgabe dort ist: Er wacht über den Teil des menschlichen Schicksals, der zu schwer zu tragen ist. In kleinerem und persönlicherem Umfang kommt dies in der Imagination der weißen Lilie und der roten Rose zum Ausdruck: Die schlechten Eigenschaften, die aus der weißen Lilie vertrieben worden sind, wurden (und werden) von Titurel-Manu »bewahrt«: Erst wenn Parzival seine Seele zur roten Rose verwandelt, übernimmt er selber die Verantwortung.

So ist es auch nicht verwunderlich, dass Rudolf Steiner in einem Gralsvortrag[52] über Eva spricht. Auch sie bringt er mit dem Mond in Beziehung, und zwar in Verbindung mit dem Gott Jahwe/Jehova, der, wie bekannt, ein Mondgott war, der das althebräische Volk führte. Leider ist dieser Teil des Vortrags recht schwer verständlich, deutlich aber ist folgender Satz: »Es geht herüber also aus dem althebräischen Altertum die geheimnisvolle Verbindung der Mondenkräfte, die ihren Rest zurückgelassen haben in dem uns astronomisch erscheinenden Mond und die ihre menschheitlichen Kräfte zurückgelassen haben in dem weiblichen Elemente des Menschendaseins.« Es ist, als wolle Rudolf Steiner sagen: Die Mutter des Mondes ist zugleich die Seele der Erde.

Dann nennt Rudolf Steiner in diesem Vortrag das Beispiel einer Frau, die etwas von diesen Qualitäten in ihrem Leben gezeigt hat: die Jungfrau von Orléans. Er spricht von der »Sibyllenkraft der Jungfrau von Orléans«, die durch die Kräfte des Christus, die aus unterbewussten Seelenkräften heraus wirkten, verchristlicht worden ist. Und er zitiert ausführlich den Brief eines gewissen Perceval de Bonlamiulk (Perceval de Boulainvilliers) aus dem fünfzehnten Jahrhundert, der das Wesen der Jungfrau beschreibt. Demnach war sie eine Frau, die einerseits kämpferisch war, andererseits aber den Menschen mit großer Milde gegenübertritt. »... sie fließt oft von Tränen über«, so der Briefschreiber.

Immer wieder betont Rudolf Steiner das Anliegen der trauernden Frau: Eva, Maria, Sigune, die Jungfrau von Orléans ...: »Stellen wir uns hin vor die jungfräulich gedachte Mutter mit dem Christus im Schoß, und sprechen wir es dann aus: Wer heilig empfinden kann diesem Bild gegenüber, der hat eine Empfindung von dem Gral.« Und: »Dem Gral nähert man sich niemals ganz mit irgendwelchen Worten oder gar mit philosophischer Spekulation. Dem Gral nähert man sich, wenn man vermag, alle diese Worte in Empfindung zu verwandeln, und wenn man eben zu empfinden vermag [...]: dass man zu fühlen hat den Zusammenfluss dessen, was herübergekommen ist vom Mond, was erst auftrat in der Erdenmutter Eva, dann erneuert erscheint in der jungfräulichen Mutter [...]«.

Und dann formuliert Rudolf Steiner in wenigen Sätzen die Aufgabe der Anthroposophie in diesem Zusammenhang. Er beschreibt jetzt, welches nach seinen Erkenntnissen die Bedeutung der Anthroposophie als Wissenschaft vom Gral ist. Er sagt: »Betrachten wir es als ein erneuertes Suchen nach dem Gral, was wir in unserer Anthroposophie pflegen dürfen, und versuchen wir, die Bedeutung dessen kennenzulernen, was dazumal wie aus unterbewussten Seelengründen heraufsprach, was nach und nach erst herauftrat in das Bewusstsein der Menschen. Versuchen wir, das allmählich in eine immer mehr bewusste Sprache umzuwandeln! Versuchen wir, eine Weisheit zu ergründen, die uns den Zusammenhang des Irdischen und des Himmlischen wiederum enthüllen

kann, enthüllen kann ohne alte Tradition, so, wie wir sie versuchen zu finden, wie sie in der Gegenwart geoffenbart werden kann.« Und etwas später noch einmal:
»So tief begründet ist das in der Menschheitsevolution, was unsere Anthroposophie uns sein soll, so innig hängt es zusammen mit jener Mahnung, die vom heiligen Gral zu uns herübertönt.« Und schließlich sagt er noch, er hätte diesen Vortragszyklus ebensogut »Von der Suche nach dem heiligen Gral« nennen können.

***

Die große Wende in der Menschheitsentwicklung fand statt, als Christus auf Golgatha, wo einst die Sonnenmysterien gestiftet worden waren, seine kosmisch-irdische Einweihung erlebte. Diese Einweihung hatte drei Stufen: den Tod am Kreuz, den Gang durch die Unterwelt und die Auferstehung. Auffällig ist, dass im kirchlichen Christentum viel über das Sterben und die Auferstehung Christi gesprochen wird und nur wenig von der sogenannten »Höllenfahrt« die Rede ist. Aber gerade mit diesem Abstieg des Christus in das Reich der Dämonen hängt der Impuls von Mani zusammen, der ja in der Konfrontation und im Umgang mit dem Bösen eine wichtige Aufgabe der Menschheit sah.

Die Auferstehung Christi konnte erst stattfinden nach dem Gang durch die Unterwelt, der Höllenfahrt. Dies korrespondiert mit einer Äußerung, die Rudolf Steiner im Jahre 1924 machte, kurz bevor er erkrankte und die erst vor kurzem, im Jahre 1995, durch den Verlag der Rudolf Steiner Nachlassverwaltung publiziert wurde. Den Priestern der gerade begründeten Christengemeinschaft sagte er damals folgendes: »Man würde im Sinne des Apokalyptikers sagen: Ehe denn der ätherische Christus von den Menschen in der richtigen Weise erfasst werden kann, muss die Menschheit erst fertig werden mit der Begegnung des Tieres, das 1933 aufsteigt.«[53] Damit weist er auf das Tier mit der Zahl 666 hin, das in der Apokalypse des Johannes beschrieben wird und das »aus der Erde« aufsteigt. Nach Rudolf Steiner wird dieses böse Wesen, auch als der Antichrist oder Sorat bezeichnet, 1998 eine besonders starke Rolle auf Erden spielen.

Ein paar Jahre zuvor, im Jahre 1918 hat Rudolf Steiner bereits auf die neue und paradoxe Rolle des Bösen in Beziehung zum Auftreten des Christus hingewiesen. Damals sagte er: »Jetzt, wo der Christus wiederum im Ätherischen erscheinen soll, wo wiederum eine Art Mysterium von Golgatha erlebt werden soll, jetzt wird das Böse eine ähnliche Bedeutung haben wie Geburt und Tod für den vierten nachatlantischen Zeitraum. Im vierten nachatlantischen Zeitraum entwickelte der Christus-Jesus seinen Impuls für die Erdenmenschheit aus dem Tode heraus. Und man darf sagen: Aus dem erfolgten Tode heraus wurde das, was in die Menschheit einfloss. So wird aus dem Bösen heraus auf eine sonderbare, paradoxe Art die Menschheit des fünften nachatlantischen Zeitraums zu der Erneuerung des Mysteriums von Golgatha geführt. Durch das Erleben des Bösen wird zustandegebracht, dass der Christus wiedererscheinen kann, wie er durch den Tod im vierten nachatlantischen Zeitraum erschienen ist.«[54]

Das heißt: Dadurch dass die Menschheit das Böse *erlebt*, kann Christus aufs Neue erscheinen. Und: Durch die Begegnung mit dem Tier aus dem Abgrund kann die Menschheit den ätherischen Christus ergreifen. – Dies sind Gesichtspunkte, die das heutige Denken über Gut und Böse vollständig auf den Kopf stellen. Sie machen verständlich, warum ausgerechnet Christian Rosenkreuz, der Kainsmensch schlechthin, durch Mani in das Mysterium des Bösen eingeweiht wird. Denn er ist der Mensch, der das Böse tatsächlich getan hat und der intensiv unter den Folgen dieser Tat gelitten hat. Das Geheimnis der Bedeutung des Bösen ist in der Rolle zu suchen, die Christian Rosenkreuz spielt.

Die spirituelle Entwicklung des Kainsmenschen ist verbunden mit Dramen, Krisen und Konflikten. Seine ewige Biographie entwickelt sich dadurch, dass das Böse in sie aufgenommen worden ist. Das Böse bleibt nicht außerhalb stehen, sondern es wird aktiv ins Ganze einbezogen. Über Christian Rosenkreuz wird gesagt, dass er als Mensch das erlitten hat, was Christus als Gott und als Mensch erlitten hat. Er war eine Figur, die oft in der »dunklen Ecke« gestanden hat, ein Märtyrer, nach Rudolf Steiner sogar der größte Märtyrer aller Zeiten. Diese tiefere Dimension verleiht der Zielsetzung der Rosenkreuzer, dem Impuls zur Verwandlung der Erde, erst ihre volle Bedeutung.

Wer sich in der heutigen Welt umsieht, kann zu dem Eindruck kommen, dass das Böse scheinbar ungehindert seinen Lauf nehmen kann. In dieser Hinsicht unterliegen wir hier im freien Westen noch manchmal der Täuschung, dass wir besser dran seien als der Rest der Welt. In Deutschland, den Niederlanden, in der Schweiz, in Österreich, Frankreich, Italien, Spanien und England und in den skandinavischen Ländern herrschen Wohlstand und Demokratie. Die Menschen sind nicht von Kriegen bedroht, sie sterben nicht an Hunger und sie können sich auf die Leistungen eines hochorganisierten Gesundheitswesens verlassen.

Wer aber durch die Oberfläche hindurchblickt, sieht, dass die Wirklichkeit bedeutend härter ist, sowohl im äußeren als im inneren Sinne. Mit Bezug auf das letztere bemerkt Saul Bellow in seinem Roman *Mehr noch sterben an gebrochenem Herzen*[55], dass die westliche Seele der Schauplatz eines heftigen Kampfes sei. Im Inneren des westlichen Menschen herrschen Einsamkeit, Öde, Unrast – oder, wie Dorothea Sölle es einmal treffend auf den Punkt gebracht hat: Der Westen geht zugrunde an der »Unfähigkeit zu trauern«.

Dies mag zunächst übertrieben klingen. Wer sich aber die Mühe macht, die Lebenswirklichkeit konkreter Menschen zu ergründen und dabei etwas weiter blickt als seine eigene Nase lang ist, sieht, dass dies stimmt. In der niederländischen Sprache ist vor ein paar Jahren ein neuer Ausdruck aufgetreten: »Früher war Glück noch etwas ganz Normales«, wobei die fünfziger Jahre gemeint sind. Dieses »ganz Normale« ist vorbei, nichts ist heute mehr »ganz normal« und das Glück schon gar nicht. Seit den sechziger Jahren ist das innere Leben der Menschen zu einem allgemeinen Problemfeld geworden, als ob sich die Pforten der Unterwelt geöffnet hätten. Aber gleichzeitig tun wir alle unser Möglichstes, diese Tatsache zu leugnen, und wir glauben weiterhin an die Illusion, dass eine bessere Gesetzgebung, bessere soziale Leistungen und vor allem ein noch freierer Markt uns helfen kann.

Vor allem im Hinblick auf unser Inneres ist die Zeit endgültig vorbei, da der Friede die Regel und Krieg die Ausnahme war. Oder wie ein Redner es 1996 während eines Kongresses in Maastricht ausdrückte: Wir müssen uns daran gewöhnen, dass das Umgekehrte der Fall ist: Krieg ist die Regel und Friede ist die Ausnahme geworden. Dasselbe vertritt Hans Magnus Enzensberger, der in seinem Buch *Aussichten auf den Bürgerkrieg*[56] aus dem Jahre 1993 den sogenannten freien und reichen europäischen Ländern ordentlich die Ohren wäscht. Nach dem Fall der Mauer, die Osten und Westen trennte, im Jahre 1989, so behauptet er, sei ganz Europa in zunehmendem Maße in Unordnung geraten, wobei es nicht mehr die Nationalstaaten sind, die miteinander in Krieg zu geraten drohen, sondern verschiedene Bevölkerungsgruppen, die sich quer über die Grenzen dieser Staaten erstrecken. Der Kampf zum Beispiel zwischen den Islamiten und den Christen im ehemaligen Jugoslawien wird, und sei es vorläufig auch nur latent, auch in Berlin, Frankfurt, Amsterdam, Zürich oder Paris ausgefochten.

Enzensberger beschließt sein Buch mit dem Bild des »Krieges aller gegen alle«, womit er offenbar sagen will, dass wir unseren altmodischen Kriegsbegriff aufgeben müssen, um endlich zu sehen was sich *wirklich* abspielt: eine Interessengesellschaft, die nicht mehr von einem gesellschaftlichen Konsens zusammengehalten werden kann und die sich auf eine Ablösung dieses Konsens durch andere Mittel vorbereitet.

In Ländern wie Russland, der Ukraine und der Slowakei, die nach dem Sturz des Kommunismus nicht vom westlichen Wohlstand profitieren konnten, ist die Mafia für jeden normalen Bürger eine ganz reale Alternative. Man braucht nicht einmal, wie dies noch bei der italienischen Mafia der Fall war, »eingeweiht« zu sein, um ihr beizutreten. In Kosice z.B., der östlichsten Stadt der Slowakei, nur etwa drei Reisestunden östlich von Wien, weiß jeder, bei wem man auf welchem Markt für wenig Geld westliche Zigaretten kaufen kann, die von der Mafia aus der Ukraine geliefert worden sind.

Aber auch in den Niederlanden und in Deutschland ist die Mafia schon lange kein geschlossenes System mehr, mit eigenen Codes, Ritualen und Kreisläufen. Ich übergehe einfachheitshalber die Tatsache, dass sogar die niederländische Polizei bei der Einfuhr von Drogen die Finger im Spiel hat; dass die Amsterdamer Börse offenbar in großem Stil Schwarzgeld wäscht; dass Rechtsanwälte, Mafiabosse (die mit vollem Namen bekannt sind) und höhere Justizbeamte über die Medien in aller Öffentlichkeit miteinander in oft sehr persönliche Gefechte verwickelt sind; dass ein

Hauptkommissar der Polizei ebenfalls öffentlich behauptet, er könne beweisen, dass die Politik schon längst von Kriminellen infiltriert und unterwandert sei; dass bisher unbescholtene Organisationen plötzlich als »kriminell« gelten, wie z.B. Supporter-Vereine von Fußballmannschaften; dass die politischen Beziehungen der niederländischen Regierung mit der ehemaligen niederländischen Kolonie Surinam ganz und gar von der Frage bestimmt sind, ob die Regierung dieses Landes in den internationalen Drogenhandel verwickelt ist oder nicht ...

Nein, was ich eigentlich meine, sind Tatsachen wie zum Beispiel die, dass jeder Einwohner von Amsterdam, der ein gesundes Interesse für z.B. Computer hat – und dies sind vor allem Jugendliche –, früher oder später mit der Grauzone zwischen Unterwelt und Oberwelt in Berührung kommt. Wo die Oberwelt von steinreichen Unternehmen regiert wird wie Microsoft und Sony, da zeigt es sich, dass in der Unterwelt alternative Netzwerke entstehen, die auf sehr geschickte Weise Computer »umbauen« und dadurch für illegal kopierte und viel billigere Programme geeignet machen. Und weil das Umbauen legal und das Verkaufen von Kopien illegal ist und beide Aktivitäten häufig durch dieselbe Person getätigt werden, verschwindet die Grenze zwischen beiden.

Der Gesetzgeber erweist sich als unfähig, noch anzugeben, wo die Oberwelt aufhört und wo die Unterwelt beginnt. Dasselbe ist in den Niederlanden schon seit mehreren Jahren der Fall bei der Produktion, dem Verkauf und dem Konsum von Drogen. Das erste ist strikt illegal, das zweite halblegal (da es geduldet wird) und das dritte ist völlig legal. Ein anderes deutliches Beispiel ist natürlich das Internet. Auf dieses haben die existierenden Gesetze keinerlei Zugriff. Wer im Netz auf die Suche geht nach nützlicher Information, über welches Thema auch immer, der wird von selbst und ungefragt konfrontiert mit Kinderpornographie, Aufrufen zu rassistischen Handlungen und übelsten Diffamierungen von Personen und Organisationen. All die Dinge, die in den gängigen Medien nicht möglich sind, weil sie mit Recht strafbar sind, erweisen sich im Internet als ungestört möglich.

Es ist in diesem Zusammenhang interessant, dass Jugendliche die Grauzone zwischen der Illegalität und der Legalität nicht nur als etwas Interessantes erfahren, sondern in ihr spontan die Möglichkeit zu einem Spiel sehen. So ist es ein beliebtes Spiel geworden, die geheimen Codes von E-Mail-Adressen zu knacken, und zwar am liebsten die von guten Bekannten. All zu schwierig scheint dies übrigens nicht zu sein. Der für mich logische und naheliegende Vergleich mit dem Öffnen und Lesen von Post, die ganz normal vom Briefträger zugestellt wird, wird als lächerlich und altmodisch zurückgewiesen. Denn bei dem Knacken von emails geht es »um etwas ganz Anderes«, was sich in gar keiner Weise mit so etwas Beschränktem wie der stinknormalen Post vergleichen lässt. Selbst wenn die eigene E-mail-Adresse von einem anderen geknackt wurde, ist das überhaupt kein Grund zur Entrüstung – nein, der andere hat etwas Nachahmenswertes hinbekommen, und das verdient doch Respekt ...

Dies alles soll nicht als eine moralisierende, warnende Litanei über das Verlorengehen der Werte und Normen aufgefasst werden. Es ist nur die Beschreibung einer tatsächlichen Wirklichkeit, mehr nicht. Die Dinge sind nun einmal, wie sie sind, und es hätte wenig Sinn, hier bequeme Urteile zu fällen. Überdies greifen hier die beiden wohlbekannten Patentlösungen zu kurz, nämlich die der rechtsgerichteten Politiker, die für mehr Polizei auf den Straßen plädieren, und die der Linken, die den Minimallohn erhöhen möchten. Denn in beiden Fällen wird an der Ursache des Problems vorbeigegangen. Schlimmer noch, durch beide Ansätze werden die Menschen, die es betrifft, und in der Praxis sind das in erster Linie Jugendliche, im Stich gelassen.

Den Hinweisen Rudolf Steiners zufolge war 1933 ein entscheidendes Jahr: In diesem Moment stieg das Tier 666 aus dem Abgrund der Erde auf. Dem Aufsteigen dieses Tieres geht in der Apokalypse das Erscheinen noch zweier weiterer Formen des Bösen voran: ein Drache, der von Michael bekämpft wird und der auf die Erde geworfen wird; und ein Tier, das »aus dem Meer« aufsteigt. Von diesem Tier wird (im 13. Kapitel) gesagt, dass es von allen Bewohnern der Erde angebetet wird, von jedem, »dessen Name nicht geschrieben steht im Lebensbuch des Lammes, das sich geopfert hat seit der Begründung der Welt«. Es besteht eine deutliche Beziehung zwischen diesem ersten Tier und dem zweiten, das »aus der

Erde« kommt und das die Zahl 666 trägt. Dieses zweite Tier »bewirkt, dass die Erde und ihre Bewohner das erste Tier anbeten, dessen tödliche Wunde geheilt war«.

Es gibt also zwei Tiere: das erste kommt aus dem Meer, was esoterisch bedeutet: aus der ätherischen Welt. Das zweite erscheint später – nach Steiner also im Jahre 1933 – aus »der Erde«, was auf die Unterwelt deutet. Das zweite Tier stellt sich in den Dienst des ersten, was auch aus Folgendem deutlich wird: Es sagt den Menschen auf Erden, dass sie »sich ein Bild des Tieres (d.h. des ersten Tieres) machen sollen, das die Schwertwunde trug und dann wieder lebendig geworden war«. Und: »Es ward ihm gegeben, Geist einzugeben dem Bild des Tieres, so dass das Bild des Tieres ebenfalls redete und bewirkte, dass alle, die das Bild des Tieres nicht anbeteten, getötet würden.«

Es ist also nacheinander die Rede von einem Tier aus der ätherischen Welt, einem Bild dieses Tieres, das von Menschen gemacht ist, und einem zweiten Tier aus der Erde, dass diesem Bild Geisteskraft verleiht. Ich meine, dass in der ziemlich präzisen Beschreibung der Wirkungsweise dieses letzten Tieres eine ziemlich exakte Antwort auf die Frage liegt: Wie wirkt die Unterwelt in die Oberwelt hinein?

Das erste Tier ist seinem Ursprung nach nicht auf der Erde zu Hause, sondern in der ätherischen Welt, es hat auf Erden kein »Bild«, und es sind die Menschen selbst, die von Natur aus auf der Erde zu Hause sind, die dieses Bild herstellen müssen. Das zweite Tier sorgt zunächst dafür, dass die Menschen dieses Bild anfertigen und verleiht diesem daraufhin Geisteskraft. Auch dieses zweite Tier ist nicht *auf* der Erde zu Hause, sondern es kommt *aus der Tiefe der Erde.* (Nur der bereits genannte Drache wirkt *auf* der Erde. Er kommt zwar aus »dem Himmel«, aber ist durch Michael *auf die Erde* geworfen worden.)

Es ist im Übrigen auffällig – ich werde sogleich auf die Wirkung der Unterwelt eingehen –, dass in der Apokalypse gesagt wird, dass alle Menschen, die auf Erden wohnen, das erste Tier anbeten werden. Die einzigen, die dies nicht tun werden, sind nicht auf der Erde, sondern zusammen mit »dem Lamm« auf dem Berge Zion. Der Apokalypse zufolge sind dies Hundertvierundvierzigtausend, die alle den Namen des Lammes und des Vaters auf der Stirn tragen. (Rudolf Steiner hat öfter darauf hingewiesen, dass in esoterischen Texten »der Berg« als ein Bereich innerhalb der geistigen Welt aufgefasst werden muss. Natürlich können auch im Körper inkarnierte Menschen »auf dem Berg« sein, aber esoterisch gesprochen sind sie in diesem Moment nicht auf der Erde.) Kurz, alle Menschen, die auf der Erde sind, werden das erste Tier anbeten, und ausschließlich die Menschen, die auf dem Berg Zion sind, werden dies nicht tun.

Das Tier, das in der ätherischen Welt zu Hause ist, braucht also ein Bild auf der Erde, das auf Betreiben des zweiten Tieres von Menschen angefertigt wird.

Was ist eigentlich ein Bild? Ein Bild kann hier aufgefasst werden im Sinne einer Vorstellung, eines Denkbilds, einer »Imago«. Normalerweise macht der Mensch sich ein Bild aufgrund einer Wahrnehmung, die er hat: Er sieht einen Baum und macht sich ein Bild dieses Baumes. Die Vorstellung dieses Baumes bleibt daraufhin in seinem Gedächtnis bewahrt. Über dieses Bild kann der Mensch nachdenken, er kann damit phantasieren und assoziieren, er kann es selbst aufs Neue sichtbar machen in der physischen Wirklichkeit, z.B. indem er einen Baum zeichnet oder plastiziert.

Doch wie ist es nun, wenn etwas dargestellt werden soll, was nicht in der physischen Wirklichkeit zu finden ist, sondern in der Unterwelt, z.B. ein Dämon? Das mag zunächst als eine seltsame Frage erscheinen, doch für das Verständnis der Wirkungsweise der Unterwelt ist sie außerordentlich relevant. Auch in den Naturwissenschaften ist dies ein häufig auftretendes Problem: Wie lassen sich Erscheinungen, die mit der unsichtbaren »Unternatur« zusammenhängen, wie z.B. DNS und Atome, auf eine adäquate Art sichtbar machen? Bekanntlich wird in der Wissenschaft mit Modellen und Schemata gearbeitet, von denen jeder weiß, dass sie nicht als reale Vorstellungen aufgefasst werden dürfen. Oft sind es unerwartete »Inspirationen«, die zu anwendbaren (aber darum nicht unbedingt wahren) Modellen führen, wie z.B. im Falle der Doppelhelixstruktur von Crick und Watson.

Im unmittelbaren sozialen Leben kommt jedoch dies auch ständig vor, wenn auch auf eine ungreifbare und unbewusste Weise. Dies beginnt schon, wenn wir jemandem begegnen, der uns auf die eine oder andere Art sehr sympathisch oder just sehr unsympathisch ist. Die Ursache unserer Gefühle liegt im Dunkel; im Allgemeinen haben wir nicht die leiseste Idee, warum wir jemanden spontan unsympathisch finden. Wenn wir einmal gut auf die Vorstellung achten, die wir von der betreffenden Person bilden, werden wir entdecken, dass diese von unseren negativen Gefühlen beeinflusst ist. Jemand, der uns unsympathisch ist, erhält in unserem Vorstellungsleben gewissermaßen einen entsprechenden »Stempel«, ein dementsprechendes Bild. Wir *denken* jedoch, dass der Betreffende auch tatsächlich so aussieht, während wir in Wirklichkeit unsichtbare Aspekte unserer Begegnung mit ihm in das Bild hineinverweben.

Auf diese Weise entsteht im sozialen Leben eine Realität, die sich am ehesten mit einer Galerie von Zerrspiegeln vergleichen lässt. Wir sehen nicht mehr, was wirklich *auf Erden* zu sehen ist, sondern schaffen eine Wirklichkeit, in der Dinge sichtbar werden, die eigentlich unter oder über der Erde sind. Und obwohl wir es selbst sind, die dies tun, ist es nicht unser bewusstes Ich, das uns das eingibt; etwas anderes, das unbewusst in uns lebt, sorgt dafür, dass es geschieht.

In unserem modernen Vorstellungsleben sind vielerlei Vorstellungen zu finden, die mit der irdischen Wirklichkeit nichts zu tun haben und bei denen es undeutlich ist, auf welches Objekt sie sich eigentlich beziehen. Meistens tragen sie den Charakter eines Traumes: sie werden nicht zu kristallklaren Vorstellungen, sondern sie bleiben als halbvorstellbare »Wolken« um uns herum gleichsam hängen. Man lasse nur zehn miteinander verfeindete Personen miteinander im selben Raum sprechen, und innerhalb weniger Augenblicke sind Hunderte von »Spiegelbildern« entstanden, die sich als physische Wahrnehmungen präsentieren, die aber eigentlich eine unter- oder übersinnliche Herkunft haben. Auf diese Weise wird unbewusst die gesamte Unterwelt auf der Erde abgebildet, inklusive all ihrer Tunnel, unterirdischen Tempel und Altäre, rächenden Götter, Doppelgänger und Dämonen. Aber da wir denken, dass es sich um *sinnliche* Wahrnehmungen handelt, kommen wir nie dazu, die Gesetzmäßigkeiten zu untersuchen, die in dieser Spiegelwelt herrschen.

Der Inhalt jeder gesellschaftlichen Debatte ist in hohem

Maße von derartigen Vorstellungen bestimmt. Man spricht dann z.B. von Sozialhilfeempfängern, Arbeitgebern und Arbeitnehmern, Produzenten und Konsumenten, Angehörigen ethnischer Minderheiten, Obdachlosen und Drogenkonsumenten usw., als ob diese tatsächlich existierten. Kein Mensch ist jedoch adäquat umschrieben mit dem Attribut »Junkie« oder »Flüchtling«; Menschen, die dies *sind*, existieren einfach nicht! Kein Vater, keine Mutter wird sein oder ihr Kind, das Heroin nimmt, einen Junkie nennen, weil mit diesem Terminus eine geliebte und komplexe Person auf einen einzigen Sonderaspekt reduziert wird.

Und dennoch haben derartige »Bilder« einen erschreckend realen Charakter angenommen. Miteinander bilden sie eine »zweite Welt«, eine Unterwelt, die aus Abstraktionen besteht, welche, näher betrachtet, mit dem Menschlichen als solchem wenig zu tun haben. Im gesellschaftlichen Umgang bewirken sie Entfremdung, weil nicht mehr der Mensch gesehen wird, sondern das »Bild«, das sich vor diesen Menschen geschoben hat. Und der gesamte Komplex all dieser Bilder bildet selber auch wieder ein Bild: der Mensch als eine bedeutungslose Fliege, die im Spinnengewebe der Abstraktionen gefangen ist.

Solange wir uns derartiger Bilder nicht bewusst sind und auf der Straße einen »Obdachlosen« sehen und dann sagen: »Guck' mal, ein Obdachloser«, solange leben wir in dieser Unterwelt, ohne dass wir es wissen. In dem Moment aber, da wir uns der Art solcher Bilder bewusst werden und durch sie »hindurch« blicken, ereignen sich zwei Dinge. Erstens fangen wir an, den individuellen Menschen wieder zu sehen, der offenbar ein »junkiehaftes« Dasein führen muss; und zweitens bekommen wir ein Auge für »das Junkiehafte« selbst, das nicht mit der Person identisch ist, sondern gewissermaßen durch diese Person hindurchwirkt. Wir werden mit dem Wesen des »Junkiehaften« konfrontiert und betreten in diesem Augenblick bewusst die Unterwelt.

Hinter jeder abstrakten gesellschaftlichen Kategorie verbirgt sich ein geistiges Wesen, das verborgen bleibt, solange wir der Tatsache keine Aufmerksamkeit schenken, dass wir das Bild, das wir von ihm haben, selbst geschaffen und auf diesen Mitmenschen projiziert haben. Durch unsere Unbewusstheit kann das zweite Tier der Apokalypse derartige Bilder zum Leben erwecken und ihnen »Geisteskraft« verleihen. Wir erfahren derartige Bilder dann als hässlich, dunkel und bedrohlich, und wir stehen ihnen machtlos gegenüber.

In dem Moment aber, da wir dieses Hässliche, Dunkle und Bedrohliche als ein *Wesen* sehen – einen Dämon oder einen Doppelgänger, der sich mit dem Schicksal der betreffenden Person verbunden hat –, entsteht ein völlig anderes Verhältnis ihm gegenüber. Er erscheint plötzlich als ein mitleiderregendes Wesen, ein Junkie, der buchstäblich und im übertragenen Sinne von der Lüge verzehrt wird. Denn das ist eine auffallende Eigenschaft des *Wesens* des Heroins: Es glaubt krampfhaft an die Lüge, weil es gelernt hat, dass die Wahrheit verwundbar macht.

In der Unterwelt ist die Lüge eine Überlebensstrategie. In dem Moment zum Beispiel, da ein Kind das Gefühl hat, dass es lügen *muss* – und wie oft fordern Erwachsene das nicht von Kindern! –, verlässt es esoterisch gesprochen die Oberfläche der Erde und verschwindet in einem Tunnel. Es kommt in die Welt der Spiegelungen hinein, in der Wesen sich nur indirekt zeigen. Unbewusst lernt das Kind, aus Gründen des Selbstschutzes, mit der Wirkung der Dämonen umzugehen, die das Licht nicht ertragen können und die einst – in einer weit zurückliegenden, langen Vergangenheit – einen Grund hatten, das Dunkel der Unterwelt aufzusuchen. Aber weil das Kind sich der Tatsache nicht bewusst ist, dass es eigentlich die Unterwelt betreten hat, meint es, dass es »schlecht« ist und, genau wie die Junks und die Obdachlosen, aus der gesellschaftlichen Ordnung herausgefallen sei.

Wenn das Wesen des Junks wirklich akzeptiert wird, erweist er sich als ein Lehrmeister von Format. Er vermag uns auf wie kein anderer deutlich zu machen, was Angst ist, wie Angst wirkt, wohin Angst führt ... Und Angst ist in jedem Menschen wirksam, nicht nur im »normalen« Bürger, sondern auch, vielleicht sogar noch viel stärker, in dem Menschen, der einen spirituellen Weg gehen will. Ohne das Akzeptieren und Verstehen der Angst ist eine spirituelle Entwicklung nicht möglich; Man kann an der Angst nur auf eine einzige Weise vorbeigelangen, dadurch nämlich, dass man innehält und sich mit ihr auseinandersetzt.

In dem apokryphen »Evangelium des Nikodemus«[57] wird beschrieben, wie Christus nach dem Tod am Kreuz am Karsamstag in die Unterwelt hinabsteigt. Es wird dort von zwei bösen Mächten gesprochen, Satan und Hades, die durch die Ankunft des Christus miteinander in Konflikt geraten. Hades, der Gott der Unterwelt, wirft Satan vor, dass er nicht vorausgesehen habe, dass Christus nach seinem Tod am Kreuze in die Welt der Dämonen absteigen würde. Hades zeigt sich auf ergreifende Weise besorgt über das Los der Dämonen, die das Licht des Christus nicht ertragen würden. Er fürchtet, dass diese Dämonen aus Angst fliehen könnten und sein Reich deswegen im Chaos untergehen wird.

Satan dagegen bleibt sehr gelassen und antwortet, dass Hades standfest bleiben soll. Daraufhin entfernt er sich. Als Christus daraufhin in die Unterwelt hinabgestiegen kommt und eine Spur des Lichtes durch sie hindurchzieht, geschieht tatsächlich, was Hades befürchtet hat: die Dämonen flüchten. Durch das Licht des Christus begreifen sie, wer und was sie sind, und weil sie diese Wahrheit nicht leugnen können, zugleich aber auch nicht mit ihr leben, ruft das in ihnen tiefe Unruhe hervor.

Ab diesem Moment, so könnte man folgern, sind die Dämonen zu *heimatlosen* und *flüchtenden* Wesen geworden. Sie fühlen sich verfolgt von einem Licht, das die Ruhe der Unterwelt stört. Also suchen sie einen Ausweg aus dieser Unterwelt, der sich nur bietet in den Seelen der Menschen, die oben auf der Erde leben. So ist die Reise des Christus durch die Unterwelt aufzufassen als eine fundamentale Tat der Wiedervereinigung: Was einst von der Menschenwelt als Unterwelt geschaffen werden musste und unter die Herrschaft des spiegelnden Mondes gestellt wurde, das wird wieder in Verbindung gebracht mit der Erde und dem Sonnenlicht, das auf sie scheint. Das Licht, das die Dämonen in Bewegung bringt, steht jedoch nicht wie eine Sonne über ihnen und strahlt, sondern es wirkt *hinter ihrem Rücken*. Es strahlt aus der Tiefe der Erde empor und es scheint zunächst voll und ganz aus Schatten zu bestehen. Erst wenn man durch diesen Schatten hindurchblickt, zeigt sich, dass hinter ihm eine starke Lichtquelle wirksam ist.

Satan blieb so gelassen, weil er wusste, dass seine Tätigkeit nun auf der Erde weitergehen konnte. Er würde dafür sorgen, dass die unruhigen Dämonen *auf der Erde*, d.h. in den unbewussten Seelen der Menschen, ein unwahres »Bild« bekämen. Er würde diesen Bildern »Geisteskraft« verleihen und auf diese Manier die Mechanismen der Unterwelt in die Menschenwelt hineinführen, ohne dass die Menschen dies bemerkten.

Die Verbindung der Unterwelt mit der Oberwelt, d.h. des spiegelnden Mondes mit der strahlenden Sonne, ist ein wichtiger Aspekt der Neuinaugurierung der Sonnenmysterien. Im Bilde des Grals, wie Rudolf Steiner es darstellt, drückt sich dies wunderbar aus: Die tragende Mondsichel ist das durch die Substanz des Mondes zurückgeworfene Licht der Sonne; und im dunklen Teil des Mondes wirkt unsichtbar das innere Licht der Sonne. (Übrigens ist der dunkle Teil des Mondes manchmal vage sichtbar; was da erscheint, ist das Licht der Sonne, das über die Erde zum Mond zurück- und daraufhin wieder zur Erde gespiegelt wird!)

Der Mond ist »Unter-Erde«. Er trägt, was die Erde selbst nicht mehr tragen kann, was jedoch zur Erde gehört. Einst hat sich Manu auf den Mond begeben, um in dessen bitteren Kern all das irdische und menschliche Leid zu bewahren und indirekt zurückzustrahlen. In dem Moment, da Rudolf Steiner dann tatsächlich konkret über dieses Leid zu sprechen anfängt, nämlich in seinen Karmavorträgen, weist er auf Manu als seine Quelle hin. Rudolf Steiner richtet seinen Blick auf den Mond, auf das unverarbeitete Leid von Erde und Menschheit, das von ihm als solches bezeichnete Mondenkarma; und er blickt durch die Schatten hindurch, auf der Suche nach dem Licht, das einen Weg von unten nach oben sucht. Hinter dem Leid der Menschen, die er in seinen Karmavorträgen beschreibt, sucht und findet er das Licht.

Die Sonne ist »Über-Erde«; Sie trägt, was die Erde selbst noch nicht tragen kann und in einer fernen Zukunft erst zur Erde gehören wird. Die geistige Kraft der Sonne kommt dem Menschen entgegen – als zukünftiges Sonnenkarma, und in der Schale des Grals findet der Chemismus des Schicksals statt. Steiner beschreibt daraufhin, dass auf der Sichel des Mondes, auf der Substanz also, die das unausgelebte menschliche Leid trägt und die durch das äußere Sonnenlicht sichtbar wird, der Name des Parzival geschrieben steht.

Parzival ist der neue Einzuweihende, der unbefangen dem Schicksal entgegentritt, dem alten und dem zukünftigen Schicksal, und dieses *lebt*. In dieser Hinsicht ist er der neue Manu: immer, wenn er sich wirklich auf das einlässt, was ihm aus der Unterwelt entgegenkommt, übernimmt er einen Teil der ehemaligen Aufgabe des Manu.

Anmerkungen

Einleitung

1 Jelle van der Meulen: Mittendrin. Anthroposophie hier und jetzt, Stuttgart [2]1998
2 Ebd, S. 197
3 Rudolf Steiner: Anthroposophische Leitsätze. Der Erkenntnisweg der Anthroposophie – Das Michael-Mysterium (GA 26), Dornach [9]1989, S. 14
4 Bernard Lievegoed: Über die Rettung der Seele, Stuttgart [4]1995
5 Rudolf Steiner: Die Geheimwissenschaft im Umriss (GA 13), Dornach [30]1980, S. 407
6 Rudolf Steiner: Christus und die geistige Welt. Von der Suche nach dem heiligen Gral (GA 149), Dornach [6]1987, S. 81f (Vorträge vom 1. und 2. Januar 1914 in Leipzig)
7 Die Schatzhöhle. Herausgegeben und übersetzt von Carl Bezold, Leipzig 1883
8 Emil Bock: Urgeschichte (Beiträge zur Geistesgeschichte der Menschheit, Band I), Stuttgart [8]1990
9 Rudolf Meyer: Zum Raum wird hier die Zeit. Die Gralsgeschichte, Stuttgart [3]1980
10 Rudolf Meyer: Albert Steffen, Künstler und Christ, Stuttgart 1963
11 Walter Johannes Stein: Weltgeschichte des heiligen Gral. Das neunte Jahrhundert, Stuttgart 1966

1 Manu und der Schmerz der Seele

11a Kees Samplonius [Hrsg.]: Edda, Baarn 1994
12 Gen 1,26
13 Gen 1,27
14 Gen 2,7
15 Gen 2,9

16 Gen 2,15
17 Gen 2,24
18 Emil Bock, a.a.O. S. 42
19 Gen 3,6
20 Gen 2,24
21 Gen 9,13
22 Gen 9,21f
23 Ron Dunselman: An Stelle des Ich. Wesen und Wirkung der Rauschdrogen, Stuttgart 1996

2 Vor dem Angesicht Titurels

24 Oswald Georg Bauer et al.: Der Gral. Artusromantik in der Kunst des 19. Jahrhunderts, Köln 1995
25 Ludwig Emil Iselin: Der morgenländische Ursprung der Grallegende, Halle 1909
26 Wolfram von Eschenbach: Parzival (hrsg. von Karl Lachmann), Stuttgart 1996
27 Rudolf Meyer, a.a.O., S. 389f.
28 Ebd., S. 390
29 Rudolf Steiner: Christus und die geistige Welt. Von der Suche nach dem heiligen Gral (s. Anm. 6)
30 Rudolf Steiner: Aus den Inhalten der esoterischen Stunden I, 1904–1909 (GA 266/1), Dornach 1995, S. 502f.
31 Ebd., S. 502
32 Ebd., S. 503
33 Ebd., S. 504
34 Rudolf Steiner: Zur Geschichte und aus den Inhalten der esoterischen Schule 1904–1914 (GA 264), Dornach 1984, S. 230
35 Rudolf Steiner: Die Tempellegende und die Goldene Legende (GA 93), Dornach 1991, S. 74
36 Cees Zwart: Die Kraft der inneren Stimme. Hoffnung für die Zukunft, Ostfildern 1996
37 Sergej O. Prokoffief: Die okkulte Bedeutung des Verzeihens, Stuttgart ^{2}1995, S. 64
38 van der Meulen, a.a.O. S. 175
39 Rudolf Meyer, a.a.O., S. 98

3 Christian Rosenkreuz und der Abgrund

40 Siehe hierzu das sogenannte »Dokument von Barr« in: Rudolf Steiner – Marie Steiner-von Sivers, Briefwechsel und Dokumente, 1901 - 1925 (GA 262), Dornach 1967, S. 15
41 enthalten in GA 93 (siehe Anm. 35)
42 Ebd., a.a.O. S. 66
43 ebd.
44 Rudolf Steiner: Das esoterische Christentum und die geistige Führung der Menschheit (GA 130), Dornach [4]1995, S. 70
45 Joh. Val. Andreae: Die Chymische Hochzeit des Christian Rosenkreuz in: Die Bruderschaft der Rosenkreuzer. Esoterische Texte. Hrsg. von Gerhard Wehr, München [5]1995, S. 98f
46 Ebd., S. 171
47 So Hans Peter van Manen in den »Mededelingen van de Anthroposophische Vereniging in Nederland«, Dezember 1964
48 Rudolf Steiner: Der irdische und der kosmische Mensch (GA 133), Vortrag vom 20.06.1912, Dornach 1989, S.163
49 Rudolf Steiner: Aus den Inhalten der esoterischen Stunden, a.a.O., S. 157 (Vortrag vom 26.06.1906)

4 Rudolf Steiner und der heilige Gral

50 Siehe Anm. 40
51 Rudolf Steiner: Esoterische Betrachtungen karmischer Zusammenhänge, Band VI, (GA 240), Dornach [3]1977, S. 16
52 Siehe Anm. 6
53 Rudolf Steiner: Vorträge über christlich-religiöses Wirken, V. Apokalypse und Priesterwirken, (GA 346), Dornach 1995, S. 239
54 Rudolf Steiner: Geschichtliche Symptomatologie, (GA 185), Dornach [3]1982, Vortrag vom 25.10.1918
55 Saul Bellow: Mehr noch sterben an gebrochenem Herzen, Köln 1989
56 Hans Magnus Enzensberger: Aussichten auf den Bürgerkrieg, Frankfurt/Main 1996
57 The apocryphal New Testament: being the apocryphal gospels, acts, epistles, and apocalypses, with other narratives and fragments, neu übersetzt von Montague Rhodes James, Oxford 1926